中华传统节日

金钊　主编

華文出版社
SINO-CULTURE PRESS

图书在版编目（CIP）数据

中华传统节日 / 金钊主编. -- 北京：华文出版社，2024.7. -- ISBN 978-7-5075-5706-0

Ⅰ.K892.1

中国国家版本馆CIP数据核字第2024LK3069号

中华传统节日

主　　编：金　钊
责任编辑：刘超平
出版发行：华文出版社
地　　址：北京市西城区广外大街 305 号 8 区 2 号楼
邮政编码：100055
网　　址：http://www.hwcbs.cn
电　　话：总编室 010-58336239　责任编辑 010-58336222
　　　　　发行部 010-58336267
经　　销：新华书店
印　　刷：三河市航远印刷有限公司
开　　本：880mm×1230mm　1/32
印　　张：5
字　　数：100 千字
版　　次：2024 年 7 月第 1 版
印　　次：2024 年 7 月第 1 次印刷
标准书号：ISBN 978-7-5075-5706-0
定　　价：46.00元

前　言

中华优秀传统文化博大精深,这方面的教育如何具体化一直是学校课程建设探索的命题。小学阶段,以传统节日文化为切入点开发中华优秀传统文化主题课程,不失为有效的路径选择。

传统节日文化,是中华优秀传统文化的重要载体,具有综合性的育人价值。开展传统节日文化教育和课程建构,有助于弘扬民族精神,培育小学生的民族文化自信和文化认同。

目前来看,系统开发传统节日文化主题课程的小学并不多,即便有,也大多停留在综合实践活动与经典诵读层面,课程建构还处于起步阶段,缺乏系统性和体系化,急需充分挖掘传统节日文化的育人功能,进行主题课程的整体建构。

小学传统节日文化课程的样态,应着眼于整体建构和多元化,具体课程样态可呈现为独立设置类课程、特色专题类课程和学科渗透类课程。从教学实施的角度审视,小学传统节日文化课程可以从课堂教学的主题课程、主题班会课程、主题综合实践课程等不同形式多管齐下,坚持课内课外一体化育人,从而解决目前课程形式单一化的问题,提升课程的育人力度与实效。

传统节日文化课程的建构与开发,需要坚持学生本位,进行一体化、分学段的整体设计。此外,传统节日文化课程的建构与开发，应坚持正确的价值导向，在课程实施中剔除传统文化的糟粕，关注节日习俗的移风易俗，积极培育社会主义核心价值观，着眼于学生的文化认同，传播正能量；在课程建构与开发之初，就要思考后续教学实施的问题，体现可行性；等等。只有这样，传统节日文化课程的教育价值才能不打折扣地得到落实。

本书是北京教育学院重点关注课题“小学传统节日文化课程的整体建构研究”（课题编号 ZDGZ2018-05）的实践成果。课题负责人、北京教育学院学术委员金钊博士担任主编，课题组核心成员、北京市昌平区教师进修学校教研员、正高级教师宋金红担任副主编。

本书写作分工如下：

教学案例：春节（北京市海淀区中关村第三小学万霞）；元宵节（北京市第十八中学时光学校孟学文）；清明节（北京市昌平第二实验小学陈凤）；端午节（北京市海淀区中关村第三小学李露珠）；七夕节（北京市昌平区十三陵中心小学孙艳冰）；中秋节（北京市朝阳区白家庄小学李伟丹、吴若娇）；重阳节（北京市海淀区中关村第三小学陈晨）；腊八节（北京市昌平区巩华学校刘秋运）。

实践活动方案：春节（北京市昌平区昌盛园小学吴京伟）；元宵节（北京市昌平区北七家中心小学高冰峰）；清明节（北京市昌平区崔村中心小学沈洪鹏）；端午节（北京市昌平区十三陵中心小学张小敬）；七夕节（北京市昌平区教师进修学校张洪春）；中秋节（北京市昌平第二实验小学叶武跃、北京市昌平区教师进修学校宋金红）；重阳节（北京市昌平区北七家中心小学张菡君）；腊八节（北京市昌平区巩华中心小学魏昆明）。

本书在原有课程建构的基础上侧重于传统节日文化的教学实施，从课堂主题教学案例和课外实践活动两个维度展开，体现一线教学的实践探索，这方面系统的实践成果并不多见，具有一定的创新价值，供热爱中华优秀传统文化教育的中小学同仁借鉴和参考。

金　钊

2022 年 10 月

目录

传统节日教学案例

传统节日实践活动方案

传统节日教学案例

春节主题教学案例

一、教学内容分析

春节是中华文化中最古老、最重要的传统节日之一，是万家团圆、辞旧迎新的喜庆节日。春节期间，国人每年从腊月二十三小年开始打扫卫生、准备年货、制作新衣，做好过年准备；到大年三十，一家人吃团圆饭、看春晚、守岁；以后几天走亲访友、相互拜年、致以新年的祝福；一直持续到正月十五闹元宵。

随着时代变迁，春节又生发出许多与生活相关联的社会话题：春运、年味变淡、独生子女到谁家过年、家族文化流失等。这些恰恰可以结合春节主题引发学生深入思考和讨论，帮助学生树立观察生活、发现问题、解决问题的能力；可以对学生进行礼仪规范、尊敬长辈、懂得感恩、敬畏规则等相关教育。让学生懂得，只有小家和睦了，我们的“大家”才会和谐，从而树立正确的价值观、人生观和世界观，培养学生的综合素养。

二、学生情况分析

主题分析:对学生来说,春节既熟悉又陌生。熟悉是因为学生每年都过春节,陌生是因为传统的年味越来越淡,很多学生对春节的意义和一些传统的民俗不甚了解。例如,二十三糖瓜粘——糖瓜是什么;二十四扫房日——扫房用什么扫;二十九贴春联——为什么贴春联;三十晚上团圆饭——团圆饭不能少的菜是什么;大年初一去拜年——拜年的礼仪是什么;为什么四面八方的亲人都要回家过年;等等。

学生情况分析:五年级学生已经具备一定的发现问题、分析问题和解决问题的能力,对事物的认识有自己的观点。同时,他们也具备了小组合作学习的能力,会提问、会表达、会互动、会合作。因此,可以尝试结合任务驱动开展项目式学习。

真实问题分析:随着时代的发展,春节会存在一些社会话题,如春运、独生子女到谁家过年、年味变淡、家族文化流失等。本节课希望通过一些小任务,再次引起学生的讨论,引导学生关注社会现实,学会解决生活中的问题。

三、教学方式与教学手段

本节课以学生小组活动体验为主,采用问题驱动等多种教学方式。

1. 小组合作学习。教学中设计了学习单,学生结合学习单通过独立思考、小组交流、全班汇报、学生互动、知识竞赛等不同形式,激发学生对春节主题研究的兴趣,调动学生学习的积极性,使学生从中学会表达、提问、独立思考、合作、互动等关键能力。

2. 任务设计。通过与春节相关的任务设计——年味超市:解决春节小难题、设计一台“家庭春晚”、为家乡拍摄年味宣传片、创建一份家谱,以任务为导向,帮助学生参与社会,培养学生热爱家乡、尊敬长辈、学会感恩、敬畏规则等情感,帮助学生学会做人,同时引导学生学会用已学知识解决真实的社会问题,提高学生综合素养。

四、教学目标

1. 让学生在品味春节的民俗中感受传统文化的魅力,培育学生强烈的民族文化自豪感。

2. 通过年味超市,为学生设置真实的学习任务,培养学生分析问题、解决问题的综合能力。

3. 在任务研究中培养学生热爱家乡、尊敬长辈、学会感恩、敬畏规则等情感,树立百善孝为先的道德观念。

五、教学过程

导入:(播放春节序曲)同学们,听到这首曲子,你想到了什么?

我们每年都过春节,你对春节有哪些了解呢?

(一)春节知识知多少:结合学习单来学习

春节知识主题学习单

1. 你对春节有哪些了解?你还想知道什么?自己先独立思考,并用关键词的方式在下面记录下来。

____

____

2. 小组交流你们的思考,把了解到的新内容也用关键词的方式记录下来。

____

____

3. 资料整理员汇集大家的意见,发言人准备汇报。

小组汇报:

汇报者要求:1. 发言声音洪亮。

2. 清晰、简洁地表达自己的观点。

倾听者要求:1. 认真倾听。

2. 用"我喜欢""我建议""我的问题是这样的"等句式回应发言人。

3. 你还有什么感兴趣的问题?

(二)发布年味超市任务

同学们,为了让我们的春节过得更有意义,我们经过前期的交流设计了年味超市活动。这里有四个小任务，每组选一个你们最感兴趣的来设计方案，最后把成果向大家汇报。其他同学对此方案提出建议，小组继续完善，最后拿着自己的方案回家和家人一起实施。

1. 解决春节小难题。

同学们，如果你的爸爸妈妈遇到这样的问题，你准备怎样帮助他们解决呢？

（1）春运交通出行难。

（2）春节去谁家过年？

（3）满足全家需求的旅行计划怎么制订？

…………

请为你的家庭难题制订一个可执行的方案。

2. 设计一台“家庭春晚”。

春节是团圆的节日，家人难得团聚在一起，为了烘托节日气氛，请你策划一台“家庭春晚”。

（1）一台“家庭春晚”需要做哪些准备工作？（组建团队，团队的分工、策划，需要的设备、资金等。）

（2）演出节目安排。（准备哪些节目？安排演出的顺序、撰写主持词等。）

（3）演出中遇到突发事件时，如何处理？（你有可能遇到什么突发事件？如何解决？）

…………

用照相机或手抄报记录这台最有意义的“家庭春晚”吧。

3. 为家乡拍摄年味宣传片。

家乡是记忆里最美的地方，那里有繁星点点、青山绿水，那里有不常见面的伙伴，那里还有守护着我们的家人。

用你的照相机，为家乡代言，记录不为人知的家乡美。宣传片内容可以是：

（1）美食篇：特色美食或家常便饭。

（2）人物篇：历史人物或亲朋好友。

（3）风景篇：名胜古迹或温馨一隅。

视频不超过 3 分钟，还可以加入符合内容的背景音乐。手机、照相机拍摄皆可，横屏录制效果更好。

4. 创建一份家谱。

春节是中国人最隆重、最盛大的节日，是千年文化的传承，也是中国人团聚的节日。

让我们走访家族中的老人，与家人一起记录家谱。

（1）可以用家谱树、思维导图等不同方式呈现。

（2）可以为家人拍若干张照片，也可以用文字记录。

（3）了解家风、姓名的由来，把它们融入家谱中。

（4）在采访过程中，我们应该注意哪些礼节？

（三）小组汇报

汇报内容：

1. 我们小组选择的任务是：

____

2. 结合这个任务，自己先独立思考，把自己思考的方案以关键词的方式记录下来。

____

____

3. 结合同学们的建议，对思考进行整理，形成的初步方案是(　　)。

4. 将方案拿给家人看，听取家人建议后完善方案，最终我的方案是(　　)。

汇报者要求：1. 声音洪亮。

2. 清晰、简洁、准确地表达自己的观点。

倾听者要求：1. 认真倾听。

2. 用“我喜欢”“我建议”“我的问题是这样的”等句式回应发言人。

3. 你有什么好奇的问题也可以提问。

教师小结：同学们，这节课我们深入了解了有关春节的知识，又设计了几个有趣的活动方案，你有什么收获？你对自己的哪些做法最满意？还有哪些需要改进的地方？希望你们带着自己的成果和家人一起讨论并有所行动，愿大家过一个有意义且有趣味的春节。

【板书设计】

春　节

春节知识知多少	年味超市
春节小知识	解决春节小难题
民俗小知识	设计一台“家庭春晚”
团圆饭小知识	为家乡拍摄年味宣传片

六、教学特色

1. 基于学生关注的真实问题。

发现学生的真实问题；与老人对话，解决学生的困惑；通过知识竞赛帮助学生了解春节的意义和民间的传统习俗。

结合学生春节大都会遇到的社会问题:解决春节小难题、设计一台“家庭春晚”、为家乡拍摄年味宣传片、创建一份家谱,设计自己的实施方案,激发学生探究和学习的欲望,帮助学生过一个有意义、有趣味并且令人难忘的春节。

2. 通过任务驱动调动学生的主体参与。

结合社会热点:春运、独生子女到谁家过年、利用春节假期旅游等一系列真实问题,设计一些小任务,让学生运用已有知识去解决,引导学生关注社会热点问题,引发学生思考新时代如何过好传统节日。

随着人人都在谈论的年味变淡的问题,引导学生带领家人设计一台有趣味的“家庭春晚”来活跃家庭春节的节日气氛,提升家庭的生活情趣和凝聚力。

春节,学生都会随父母回到家乡,通过为家乡拍摄年味宣传片可以引导孩子把热爱家乡落到实处,了解家乡的美、家乡春节的独特习俗等,并传承下来。

家庭是人生的第一个课堂,父母是孩子的第一任教师,在引导孩子重温拜年习俗的同时,可以帮孩子创建一份家谱,树立优良的家风家训。

3. 以研究性学习为主。

本课突出学生的研究性学习,通过小组为主的学习方式,帮助学生学会独立思考、学会合作、学会提问、学会倾听、学会表达、学会互动,从而提升学生的综合学习素养。

元宵节主题教学案例

一、教学内容分析

本课教学主要通过引导学生了解元宵节的起源故事、元宵节的风俗习惯，让学生感受元宵节的文化寓意；让学生在不同时期、不同地域、不同习俗中，感受丰富多元的元宵节文化，感受中华文化的博大精深；初步培养学生对中华文化的浓厚兴趣，从而引导学生树立保护和传承文化的意识。

二、学生情况分析

课前，对班级学生进行问卷调查，经过数据的整理和分析，发现学生知道元宵节要吃元宵或汤圆、猜灯谜、赏花灯等，但对元宵节文化的内涵尚不十分了解。问卷数据也反映出，学生对元宵节文化内涵的了解不够系统，对其背后的成因也知之甚少，进而对继承和发扬中华传统节日文化，形成民族自豪感也缺乏认知，需要进一步培养。因此，在教学过程中，本节课旨在引导学生深入挖掘传统文化内涵，感悟体验，在对比分析中加深对文化的认识与理解，以及对节俗文化的认知与认同。

三、教学方式与教学手段

在情境式、探究式教学中引发学生的思考，调动学生的多重感官参与体验，在小组合作讨论中深化学生对元宵节文化的认知与理解。

四、教学目标

1. 通过引导学生了解元宵节的由来，让学生感受元宵节欢乐、祥和的气氛，体验阖家团圆的幸福，激发学生了解传统节日的兴趣。

2. 提高学生搜集资料、整理分析资料的能力，在小组合作中探究元宵节习俗背后的成因，从而更深层次了解元宵节的重要地位。

3. 通过对比不同地区的习俗活动，让学生感受丰富多元的节日文化，自觉自愿地传承元宵节文化。

五、教学过程

（一）听歌曲，引出佳节

播放与元宵节相关的歌曲。

引导学生回忆：这首歌让你想到了什么？（吃元宵、吃汤圆……）

提问：元宵节为什么要吃元宵或汤圆呢？

预设：团圆、和睦。

教师小结：象征团圆、和睦的元宵节是春节之后的第一个重要节日，让我们一同走近元宵节。

（二）话习俗，感悟佳节

都说正月十五闹元宵，元宵节为什么要“闹”呢？让我们一同寻找答案。

活动一：找一找，观察日历寻佳节。

提问：同学们，你知道今年的元宵节是哪天吗？让我们翻开日历找一找。

活动：学生翻阅日历，查找元宵节。

回答：学生依据日历说出本年元宵节的具体时间。

活动二：听一听，了解元宵节的历史。

提问：同学们，你们知道元宵节有多少年的历史吗？

资料播放：视频。

元宵节是中国重要的传统节日之一，有着独特的意义。

活动三：说一说，感悟元宵节习俗。

提问：同学们，正月十五闹元宵、猜灯谜……不过，不同地区还有不同的习俗。课前我们进行了调研，同学们都了解到了什么？让我们分享交流一下吧！

学生分享：地区不同，习俗不同。

表 1-1　不同地区习俗列表

地域	当地习俗
北京	灯会、吃元宵

续表

地域	当地习俗
河北	
安徽	
山西	
……	

思考:为什么不同的地方习俗会不同呢?这种习俗与当地的地理环境有什么关系?

回答:文化反映了地域特点,与当地的地理环境有很大的关系。

教师小结:习俗反映当地的地域文化,以及人与自然的关系。尽管不同,人们庆祝这个节日蕴含的文化意义却是相同的,都在表达团圆、和谐之愿望,也就是人们对美好生活的向往和期盼。

(三)做花灯,体验佳节

引导:闹元宵寄托着一份祝福,我们利用环保材料做创意花灯,感受一下当今元宵节的氛围和创新文化。

活动内容:环创元宵花灯。

1. 活动要求。

小组合作:

选一选,选择环保材料。

做一做,环创元宵花灯。

说一说,解析创意之点。

(备注:猜灯谜,在花灯下准备一个灯谜,集体猜灯谜。)

2. 学生分组合作。

3. 学生分享交流。

我们小组利用塑料瓶创作了一个青花瓷环保花灯。花灯不仅可以插花,而且传承了青花瓷文化和元宵节文化。

我们小组用硬纸壳做的环保花灯,是个立体花灯,这样做是想传承与创新元宵节文化。

我们小组用旧卫生纸卷筒制作了创意花灯,不仅美观,还可以摆在桌上当小笔筒用,一物多用。

…………

4. 猜灯谜。

提问:通过猜灯谜活动,你有什么感悟?

回答:锻炼思维、好玩、快乐……

教师小结:做花灯、猜灯谜给元宵节增添了更多色彩,既达到娱乐的目的,又增长了知识。

(四)总结提升,节日传承

教师提问:通过今天的学习,你们有哪些收获?

预设回答:进一步了解到元宵节是我国重要的传统节日,很多传统文化习俗需要我们传承和发扬……

教师总结:同学们,元宵节是我国的传统节日之一,不同地域有着不同的习俗,但唯独不变的是元宵节的文化内涵——团圆。今天我们在元宵节传统文化的基础上附加了环保创意的主题,使传统文化在传承中不断创新与发展。

希望大家在今后的学习中继续了解我国的传统节日和文化,赋予传统文化新的生命力,使它们不断得到传承和发扬。

【板书设计】

元宵节

团圆、和睦

传承与发扬

六、教学特色

1. 在对比感悟中，了解文化。

本节课通过不同地域的习俗文化对比，使学生了解到地域不同，元宵节习俗也不同，但唯独不变的是元宵节的文化内涵：团圆、美满，从而加深学生对元宵节文化的认识与理解。

2. 在继承与发展中，深化理解。

本节课在实践活动中融入当今崇尚的环保活动理念，让学生在实践中感受传统文化的同时，赋予元宵节新的内涵，帮助学生创新与传承传统文化。

清明节主题教学案例

一、教学内容分析

本节课旨在提升小学生对中华传统节日——清明节的了解与认识。主要涉及清明节的节日由来、节日习俗、节日文化和节日传承。通过引导学生进行自主学习,引导他们了解清明节的各种知识,进一步探究清明节文化背后的成因,培养学生对传统文化的兴趣,增强民族自豪感。

二、学生情况分析

在学情方面,五年级学生已经初步具有实践和小组合作能力。课前,对班级学生进行了问卷调查,经过数据的整理和分析,发现学生们知道一些与清明节相关的节日习俗,但对清明节的由来和节日习俗的了解不够系统,对其背后的成因也知之甚少。因此,需进一步培养学生继承和发扬中华传统节日,以及养成民族自豪的意识。

三、教学方式与教学手段

通过讲授法，帮学生了解清明节的由来；通过小组探究学习，帮学生了解清明节的习俗；通过启发式追问，帮学生深化对清明节文化内涵的理解和认同。

四、教学目标

1. 通过引导学生了解清明节的习俗活动，培养学生对中华传统节日的兴趣。

2. 帮学生学会搜集资料、整理分析资料，在小组合作中探究清明节习俗背后的成因，从而更深层次地了解清明节的重要地位。

3. 帮学生了解清明节的由来、清明节的节日习俗、关于清明节的古诗词等。

五、教学过程

（一）巧设游戏，节气导入

教师提问：同学们，你们知道我国传统的二十四节气吗？你能给大家介绍一个节气吗？

预设：春分、秋分等，学生进行简单介绍。

教师过渡：四季交替，物候变换，我国古人在农业生产中总结出二十四节气。下面我们一起玩一个猜节气游戏,大家可以从中抽选一个词条,猜一猜这是哪个节气,并说明理由。

预设:学生选择词条猜一猜。

教师小结:刚刚我们猜了这么多,其实这些词条所显示的都是同一个节气,它就是清明节。由此可以看出,二十四节气不仅是一种用来表示季节和物候变化的日期,还是古代劳动人民指导农事行为的历法,蕴含着中国古代劳动人民长期经验的积累和智慧的结晶。

(二)丰富内涵,节日文化

1. 预学反馈:节日由来。

活动一:清明节、寒食节、上巳节的发展。

教师过渡:从刚才的提示中,我们了解到了清明节。作为一个节气,它的特点有:

气候:天气清朗,和风细雨。

物候:草长莺飞,万物复苏。

农事:播种时节,种瓜点豆。

清明节是怎样由一个节气变成一个饱含着中国传统文化的节日的呢?课下,大家已经结合学习单对清明节气、寒食节和上巳节有了一定的了解,谁来结合手中的学习单给大家说一说?(出示学习单)

表 1–2　清明节节日由来学习单

维度	清明节气	寒食节	上巳节
时间			

续表

维度	清明节气	寒食节	上巳节
历史			
节日风俗			
融合			

教师小结:从刚才大家的介绍中我们了解到,现在所说的清明节在清明节气中融合了寒食节和上巳节的节日风俗和文化内涵。清明节的文化内涵由此变得丰富起来。

活动二:清明节的传说故事。

教师过渡:除此之外,关于清明节的由来,还有一个家喻户晓的民间传说呢,我们一起来看一看吧。

教师播放清明节相关故事。

教师提问:观看完这个小故事,你知道了什么?

教师小结:清明节由清明这一节气发展而来,由节气过渡到节日,是因为它不仅仅是一个时令的标志,更重要的是在此基础上不断发展和延伸,又增加了很多节日风俗等文化内涵,最终才形成清明节。

2. 合作探究:节日习俗。

教师过渡:提到节日,必然少不了有关它的节日习俗。清明节都有哪些节日习俗呢?课前同学们以小组为单位搜集了大量关于清明节的节日习俗,下面请同学们结合课下搜集的材料,以及小组内各种学习材料,进行小组合作探究活动。

小组合作探究要求如下:

探究内容:清明节有哪些节日习俗?

探究要求:从信仰习俗、娱乐活动、饮食习俗三方面选择其中之一展开探究,准备进行小组汇报。

探究时间:5 分钟。

第一小组:扫墓缅怀先人。

教师小结:我国古代扫墓与我们现代扫墓有什么不同?我们现在应该怎样扫墓祭祖?文明祭扫、破除封建迷信、防止火灾等。

第二小组:插柳、植树、放风筝寄托美好愿望。

教师小结:祖先用这些方式在清明节表达自己的信仰,也寄托着很多美好的愿望。

第三小组:娱乐活动。

教师小结:刚刚介绍了踏青、荡秋千、斗鸡、蹴鞠等活动,也请大家走进大自然,去尽情享受美好春光。

第四小组:饮食习俗。

教师拓展:为什么要在清明节吃青团、清明果这类含有青草汁的食物呢?祖先不仅吃美食,还在这些节令美食的食用上讲求养生之道,真是充满大智慧啊!

3. 分析诗歌:理解节日内涵。

教师过渡:正因为清明节是我国重要的传统节日,所以古代文人墨客留下很多关于清明节的诗歌,有很多流传千古的名句至今还在我们耳畔萦绕。

学生:配乐朗诵清明节诗歌。

教师小结:清明节是我们追思、纪念亲人的节日,更是诗人笔下的秀丽风景,这些诗句也赋予清明节无限韵味与文化内涵。

(三)总结提升,节日传承

教师提问:通过今天的学习,你们有哪些收获?

预设学生回答:进一步了解了节日的习俗,认识到清明节是我国重要的传统节日……

教师总结:通过课前搜集资料、小组探究和交流等形式一起走近清明节,了解节日的由来和节日习俗,感受到这些习俗中寄托的人们对美好生活的期盼。希望大家今后继续了解我国的传统节日和文化,赋予传统文化新的生命力,使它们不断传承和发扬。

【板书设计】

清明节

扫墓祭祖、放风筝、踏青、植树……

传承发扬优秀传统文化

六、教学特色

1. 本课聚焦中华优秀传统文化中的传统节日,通过引导学生认知清明节丰富的文化内涵和习俗活动,培养他们对中华传统节日的兴趣,引导他们继承和发扬中华传统文化,增强民族自豪感。

2. 注重在开展丰富的小组活动中调动学生积极性,使学生进行主动探究学习;注重学生的课堂参与,引导学生从活动、娱乐、饮食三方面主动探究清明节的文化内涵,进而解决本节课的教学难点,同时指导学生过好清明节。

3. 注重利用多种资源服务课堂教学。本节课使用了图片、视频资料、音乐、古诗等多种与清明节有关的教学资源，合理运用这些教学资源，帮助学生更好地走近清明节，了解清明节。

端午节主题教学案例

一、教学内容分析

端午节是中华民族的传统节日,流传着诸多的节日习俗,蕴藏着众多文化符号,传承着深厚的文化积淀。除了丰富多样的习俗,端午节还蕴含着浓厚的人文色彩,端午节的起源等承载着一种强烈的爱国主义、忧国忧民的情怀,从而成为中华民族的重要文化遗产。

本节课旨在提高小学生对中华传统节日——端午节的了解与认识。主要涉及端午节的节日来源、发展历史、节日习俗及内涵,通过分工协作、体验习俗等方式引导学生了解节日知识,感受节日内涵,培养学生对传统节日文化的热爱,提升民族自豪感。

二、学生情况分析

为了解学生对端午节的认知与态度,对五年级的三个班进行了前测,主要包含两部分:一部分是学生的自我认知情况,另一部分是学生的家庭成员对端午节的记忆和认知,以便更好地判断学生的真实情况。

通过分析学生填写的138份有效问卷,发现96%的学生知道端午节的日期是每年农历五月初五,50%以上的学生对端午节吃粽子、赛龙舟等习俗比较了解,但是对其他习俗不了解。学生们对“端午节为什么是在五月初五?”“起源是什么?”“习俗背后的文化内涵和人们的祈愿是什么?”这些问题更是知之甚少。

通过学情调研,为整个课程设计的目标提供了现实依据。课程重点是引导学生深度学习端午节习俗,探寻端午节文化逐渐淡化的原因,并根据实际情况提出针对性解决方案,致力于端午节习俗与文化的传承。

三、教学方式与教学手段

本节课主要采用问题解决的学习方式,强调将学习活动置于有意义的问题情境中,通过个人或小组协作的方式解决问题。这种方式可以调动师生参与课堂教学的积极性,激发学生的学习兴趣,有效提高教学质量。

四、教学目标

1. 通过引导学生进行集中学习和体验,了解端午节的起源、习俗以及背后蕴含的文化内涵。

2. 依据调查研究,探究端午节的现状以及传统文化逐渐淡化的原因,制订针对性的解决措施。

3. 策划组织开展端午节集体体验活动,引导学生通过自身的努力传承与弘扬端午节文化，并养成热爱、传承传统节日文化的情感。

五、教学过程

（一）了解端午节的起源及意义

1. 通过播放关于端午节的歌谣，引出主题。

教师提问：刚才这首歌谣与哪一个节日相关？说一说你对这个节日的了解。

预设：端午节，过端午节会吃粽子、赛龙舟。

教师过渡：同学们了解得还真不少，知道一些常见的端午节习俗。

2. 观看视频，了解端午节的起源。

观看视频：关于端午节起源的视频，了解屈原和端午节的联系。

教师小结：关于端午节的起源，其中一个观点认为，是祭祀爱国主义诗人屈原的日子。这么重要的传统节日，意义非凡，它的很多习俗都与其起源密切相关，如歌谣中提到的吃粽子、赛龙舟等。

（二）端午节在当前社会中的现状及原因分析

1. 依据调查问卷的数据表/统计图，分析端午节现状。

端午节作为中国的传统节日之一，在不断的发展过程中，其文化内涵不断丰富。

教师提问:那么,端午节在当前社会到底是一种什么样的状态呢?我们通过你们的调查问卷了解一下。

通过观察这几张统计图,你有什么发现?

学生互动交流分享……

2. 探究如何在新时代过端午节。

端午节是我们民族智慧的结晶,需要每代人传承与发展它。那么,在新时代我们应该如何传承端午节?

探究问题:根据原因分析,探究新时代端午节传承与发展的途径。

学习形式:采取小组合作的方式,小组讨论 3 分钟,将建议和方法落实在海报纸上,完成后将海报纸张贴在移动白板上。

小组之间进行分享交流,如何为端午节文化的传承与创新献计献策。

3. 端午节文化交流会。

小组合作开展交流会:根据端午节的习俗内容、文化内涵等进行分工组队,情况如下:五彩端午、美味端午、玩转端午、文化端午、情系端午。

交流会的具体要求:

(1)各小组留下 2—3 名讲解员,向其他同学介绍本组负责的端午节习俗与文化。

(2)其他同学去各小组学习,至少参观 3 组,并完成学习单。

(3)在参观过程中小声交流讨论。

(4)时间为 15 分钟。

端午节习俗文化学习单

班级：____________姓名：____________

1. 我参观学习的小组是(　　)。

A. 五彩端午　B. 美味端午　C. 玩转端午

D. 文化端午　E. 情系端午

2. 通过倾听各小组的讲解，我了解到端午节还有这些习俗/文化(关键词概括)：

____

3. 我欣赏____________的讲解，因为：__________________

通过前面的了解，我还存在这样的问题：

____

(三)分享交流

分别开展小组之间的交流分享和全班分享交流。

组内交流：与本组同学交流讨论自己所学、所获，了解到了哪些新鲜的内容？

全班分享：通过刚才的交流，你学到了什么？有什么问题？

各小组分别向同学们介绍本组的体验活动设计，并进行现场演示，吸引大家前来体验；每个小组有约 2 分钟的介绍时间。同学们根据自己的兴趣爱好，去不同的小组进行端午节习俗体验，时间约为 15 分钟。

教师总结：通过这节课的学习，相信同学们对端午节的起源、习俗文化以及发展现状等有了更加深刻的认识。文化需要流传，文明需要传承,端午节的习俗文化需要我们这一代人继续保护与弘扬。现在我们每人手里一个粽子,希望大家透过这些粽子,去感受端午节所承载的浓厚的文化记忆。

【板书设计】

粽香深处的文化记忆

端午节起源
端午节习俗 } 驱邪避灾　家人安康　爱国精神
端午节活动

六、教学特色

1. 充分调研,了解现状,明确课程方向。

一方面,为了解学生对端午节的认知及态度,教师在课前通过问卷调查和访谈的形式做了大量的调研。通过对调研数据的梳理、分析,教师明确了端午节在当前社会的现状及存在的问题,对明确课程的方向提供了现实依据。另一方面,调研材料作为学习资源,在课堂上作为学生分析和探讨的素材,为学生制订端午节传承方案也提供了参考。

2. 以解决问题的方式开展真实学习,充分调动了学生的主动性。

本节课核心问题:作为端午节传承的小使者们,如何在新时代传承和弘扬端午节文化?通过前期调研,了解当前大家过端午节的现状,基于对端午节习俗文化的了解,探寻针对性的解决方案。以解决问题的方式开展学习既真实有深度,又充分发挥了学生的积极主动性。学生在整个过程中作为问题解决者、传承端午节文化的小使者、策略的制订者、体验活动的承办者等多重真实的角色，充分发挥他们的能力；小组合作探究的方式不仅帮学生深入开展学习探究、组织策划、体验等，提高了学生的参与度，还调动了学生的学习积极性，增强了学习的获得感。

3. 注重活动体验，开展深度学习，加深对端午节文化的认识。

端午节习俗的体验是本节课非常重要的一部分，这些体验活动是学生通过小组合作进行组织策划的。为了组织策划这些体验活动，学生需要对特定的端午节习俗进行全面深入的了解，制订体验活动的内容、流程及规则，以及准备这些体验活动所需要的材料。在筹备的过程中，学生对端午节的习俗就有了不一样的认识和体验。另外，全班的习俗体验活动，更是让孩子们通过最生动、最直接的方式感受了端午节的传统文化韵味，这也将成为孩子们一生中最为难忘的端午节记忆。

七夕节主题教学案例

一、教学内容分析

本课旨在提升学生对中华传统节日——七夕节的了解与认识。主要涉及七夕节的节日由来、节日习俗、节日文化和节日传承,通过引导学生进行自主学习了解七夕节的各种知识,增强学生对传统文化节日的重视,注重文化的传承,培养学生对传统文化的兴趣,增强民族自豪感。

二、学生情况分析

在学情方面,小学四年级学生已经初步具有实践和小组合作能力。课前,对班级学生进行了问卷调查,经过数据的整理和分析,发现学生们知道一些七夕节的节日习俗。但是,问卷数据也反映出,学生对七夕节的由来和节日习俗的了解不够系统,对其背后的成因也知之甚少。学生对继承和发扬中华传统节日文化,形成民族自豪感缺乏认知,因此需要进一步培养。

三、教学方式与教学手段

采取生动有趣的教学方式,如小组合作学习、动手乞巧体验等活动,激发学生的学习兴趣。

四、教学目标

1. 引导学生了解七夕节的日期、传说故事和习俗。

2. 通过引导学生阅读资料、活动体验和小组合作等方式初步感受传统节日的氛围。

3. 引导学生初步感受七夕节的节日习俗,使其产生对传统文化的认同感,并将传统文化传承下去。

五、教学过程

(一)游戏导入,创设情境

你们喜欢过节吗?中国的节日有很多,下面我们做个游戏,在里面找一找中国的传统节日有哪些?

过渡:今天,我们就一起了解七夕节的来历和一些相关习俗。

(二)了解由来,感受情怀

学习七夕节的由来,了解传统节日的悠久历史。

提问:你们知道为什么农历七月初七是七夕节吗?把你了解

的内容说一说。

请你结合所查资料,以小组为单位试着完成下表。

表 1-3 七夕节的由来调查表

起 源	由 来
对自然的崇拜	
对时间的崇拜	
对数字的崇拜	
……	

提问:七夕的由来众多,为什么人们更多的是接受牛郎织女的传说呢?请同学们自由发表自己的看法。

小结:大家说得没错,七夕节源自牛郎织女的传说故事,体现了人们对美好生活的向往。

(三)学习习俗,感受特色

七夕节有哪些习俗呢?下面我们以小组为单位进行学习。

1. 小组学习要求。

(1)请同学结合教材和自己搜集的资料进行学习。

(2)选择一种你们最感兴趣的习俗来汇报。

2. 交流汇报。(学生用故事、实物、小表演等介绍)

3. 请试着在手绢上绣自己的名字,比一比看谁绣得最漂亮。

(1)工具:针线、剪刀、绣布、铅笔……

(2)绣法:从 A 点引针出来,再从 C 点穿入,最后从 B 点引针出来,这样就算完成了一针。一般来说,B 点都是在 AC 距离的中点,AC之间的针迹尽量小些,这样绣出来的图案更加好看。

教师示范绣法,学生进行练习。

(3)步骤:用铅笔在布上写要绣的名字;开始用上面教的针法按着均匀的针距开始刺绣。注意:每次针线从B点的出针方向都要在一个方向上,这样绣出来的图案才整齐。

(4)展示成果,评选巧手选手。

(四)学习七夕节诗歌

1. 历代描写七夕节的诗歌有很多,请同学们把书上描写七夕节的诗歌读一读。

2. 学生学唱七夕节诗歌。

(五)总结升华,提升认识

提问:通过今天的学习,同学们对七夕节有了许多新的了解。请同学们用制作海报的形式汇报学习成果。

1. 以小组为单位进行制作。要求把今天所学的内容以及自己的思考展示出来。

2. 以小组为单位介绍海报内容。

总结:七夕节是中国众多传统节日中的一个,它有许多特色的民俗,体现了人们对生活的美好愿望。希望同学们能够像今天学习了解七夕节一样,更多地了解中国的历史文化,只有对我们祖国的文化有深厚的了解,我们才能更加热爱我们的民族,热爱我们的祖国。

【板书设计】

七夕节

由来、传说、习俗

传承发扬优秀传统节日文化

六、教学特色

本节课采用全班课前调查、课中小组合作学习、课后行动的教学组织形式，充分发挥学生的主动性，激发学生的积极性，使学生在轻松愉悦中主动学习到传统节日——七夕节的相关知识，激发、培养了学生对中国传统节日的热爱之情。

1. 充分运用多媒体，帮助学生理解七夕节的风俗习惯。

通过图片故事，把有关七夕节风俗的相关图像直观形象地映入学生眼帘，使节日习俗化虚为实，便于学生理解七夕节的风俗、故事。

2. 巧妙设计活动，让学生在活动的参与中感受到本节课的主题。

学生学习穿针技巧，在手绢上绣自己的名字，既了解了七夕节最主要的习俗，又锻炼了学生的动手能力。

3. 语文、地方教材、音乐等多学科有机整合。

通过诵读七夕节古诗，感受七夕节的悠久历史，各学科间有机融合。制作海报后，以小组为单位介绍七夕节，孩子们兴致盎然，特别有成就感。

4. 运用自己喜欢的方式呈现学习成果。

案例中，学生运用自己喜欢的方式呈现学习成果，充分发挥学生特长、张扬学生个性，给学生以自信。整个案例中，教师对学生的关注细致入微，充分尊重每个学生的学习方式及独特个性的体现，主动适应个别差异，实施个别化教学，帮助每个学生自主选择，并运用其个性化的方式进行创造性学习。

中秋节主题教学案例

一、教学内容分析

每年的农历八月十五是我国的传统佳节——中秋节。中秋节也叫团圆节，它有着很多传奇有趣的故事和丰富多彩的习俗。每逢中秋节，人们通过赏月、祭月、拜月以及吃月饼等活动来庆祝阖家团圆。

本节课以中秋节为主题，针对小学中年级进行设计，带领学生进行实践探究，将所学知识进行生活回归，综合应用，落实核心素养，深化对中秋节文化的理解，增强对中秋节文化的喜爱之情。

二、学生情况分析

学生已经具备一定的学习基础与实践能力，能够以问题为驱动，进行实践探究活动。针对“中秋节”这一传统节日对学生进行调研，发现学生了解中秋节吃月饼、赏月的习俗。关于中秋节最想了解的问题：45%的学生想知道为什么中秋节要吃月饼；

51%的学生想了解中秋节的由来;4%的学生质疑为什么八月十五的月亮比其他时候的满月看上去更圆、更大。通过调研不难看出,学生对中秋节的由来和意义缺乏了解,但有想探究学习的欲望,愿意进一步研究中秋节文化,向更多人介绍中秋节。

三、教学方式与教学手段

通过启发式的教学方式,以小组合作讨论的形式,了解中秋节的习俗,深化对中秋节文化的理解和认同。

四、教学目标

1. 引导学生了解中秋节的历史、习俗以及所蕴含的文化,理解中秋节背后所蕴含的“团圆”含义。

2. 引导学生提高搜集资料、整理分析资料的能力,在小组合作中探究中秋节习俗,从而更深层次地了解中秋节的重要地位。

3. 引导学生对中秋节产生关注与研究兴趣,愿意进一步研究中秋节文化,愿意向更多的人介绍中秋节,培养学生对中华传统节日的兴趣,继承和发扬中华传统文化,增强民族自豪感。

五、教学过程

(一)中秋习俗我知道

1. 教师谈话导入:同学们,优秀的传统文化中蕴含着优秀的民族精神,今天我们就要一起来学习中秋节,感受优秀节日文化的魅力!

2. 教师过渡:大家在课前通过搜集资料,进行了选题研究。现在让我们采用“博物馆”参观的方式对中秋节文化进行了解,请你们一边参观各组的研究成果,一边完成评价表。

3. 学生按分组多元表达与分享研究成果。

第一小组:全英文分享中秋传说故事。

第二小组:展示中秋节的起源与演变。

第三小组:讲解名人名家笔下的中秋。

第四小组:汇报中秋节有祭月、赏月、吃月饼、玩花灯、饮桂花酒等习俗。

表 1-4　博物馆式参观评价表

评价项目	起步	发展中	熟练	出色
语言表达	声音洪亮,自信表达	吐字清晰,说话有条理	1. 条理清晰,能抓住要点说明 2. 语气语调适当 3. 表达有学科特点	1. 条理清晰,要点突出 2. 语言具体生动
讲解员				
评价项目	**初级**	**中级**	**优秀**	**大师**
倾听习惯	能认真倾听	倾听时不插嘴	1. 无声倾听 2. 能适当地记录要点(2—3 点)	1. 无声倾听 2. 能适当地记录要点(2—3 点) 3. 提出 1—2 个问题
自我评价				

4. 引导学生进行评价、引发新的思考。

教师提问：在参观学习后你有什么新思考？

预设：

学生一：在倾听英文讲解中，我了解到中秋节的传说故事——嫦娥奔月。

学生二：我知道了中秋节的起源。

学生三：我学习到了关于中秋节的古诗词。

学生四：中秋节的习俗真是丰富多彩。

教师小结：大家的交流涉及传说故事、习俗、古诗词等，了解非常全面。

（二）中秋文化我讨论

1. 教师过渡：刚才的活动中我们提到了一种传统节日美食——月饼。随着食品数量的增多以及人们口味的变化，月饼的种类越来越多。针对月饼的口味与花纹是保留传统还是研发创新这一话题，引导学生讨论。

2. 用课件出示不同地区月饼的图案样式。

3. 提出活动要求：请同学们针对月饼口味是“保留传统”还是“研发创新”，在前期搜集资料的基础上开展讨论，根据自己的观点选择合适的辩方，并用思维导图的方式进行观点的梳理，最终汇总，选代表进行辩论。

4. 教师随时巡视、及时指导、组织讨论。引导学生根据辩论会评价表对自己和他人的表现进行评价。

表 1–5　中秋节文化辩论评价标准表

评价项目	起步	发展中	熟练	出色
观点陈述	观点不明确或与论题无关	1. 观点不清晰 2. 观点能切合话题	1. 观点明确 2. 重点突出	1. 能用关键词、核心句高度概括观点 2. 观点全面回答主题
论据说明	1. 论据不真实 2. 论据与观点无关	1. 论据真实，有出处 2. 能围绕观点说明	1. 论据真实充分 2. 能运用列数字、举例子等方法说明观点	1. 论据真实充分，符合本方观点 2. 能围绕观点从不同方面说明
语言表达	声音洪亮，自信表达	吐字清晰，说话有条理	1. 条理清晰，能抓住要点说明 2. 语气语调适当	1. 条理清晰，要点突出 2. 语言简练、概括
倾听习惯	能认真倾听	倾听时不插嘴	1. 无声倾听 2. 能适当地记录要点	倾听后，能针对内容进行沟通、补充交流

学生通过辩论的方式进一步品味中秋节文化，对中秋节文化产生兴趣。学生在此阶段能够热爱中秋节文化，对中秋节文化有一定思考的基础上进入“中秋节文化我宣传”阶段。

（三）中秋节文化我宣传

1. 教师提问：作为小学生的我们可以为传承中秋节做些什么呢？大家可以选择自己喜欢的方式进行艺术创作。

2. 小组合作进行艺术创作。

预设：

小组一：创作广告语。

说说你的想法，如何推广宣传中秋节？针对不同的人群，我们是不是要有不同的宣传语和标志呢？

评价指标：凸显文化，明确对象，选用恰当方式进行中秋节内容的多元化设计。

表 1-6　广告语评价标准表

创编形式	评价要求	我的星级评价
	凸显文化☆☆	
	明确对象☆☆	
	多元化设计☆	
我的星级：		

小组二：创编绘本。

通过学习与体验，学生分组创作绘本，讲述自己心目中的“中秋故事”，以图文结合的方式向大家宣传了解到的中秋节文化。

教师引导学生将创作的“中秋故事”绘本向全班同学进行讲述，其他同学认真倾听，从讲故事的完整性、流畅性、趣味性等角度进行打分互评，选举出班级的故事大王。

表 1-7　故事大王评价标准表

创编形式	评价要求	我的星级评价
	完整性☆☆	
	流畅性☆☆	
	趣味性☆	
我的星级：		

3. 小组展示作品。

4. 教师总结：中秋节是中华儿女共有的精神家园。“海上生明月,天涯共此时。”中华儿女即使分散在天涯海角,在月光下的中秋节也会有共同感应,这是文化的认同、民族的认同。希望大家都能成为中秋节宣传小使者,让更多的人加入传承优秀节日文化的行列之中。

【板书设计】

中秋节

中秋习俗我知道　团圆

中秋文化我讨论　传统　创新

中秋文化我宣传　成为文化小使者

六、教学特色

1. 本节课的评价方式以学生为主体,结合评价量规,以学生自我总结收获、自我评价为主,教师对学生活动中的表现以形成性评价为辅,结合学生过程性的作品进行综合分析与评价。

2. 本节课中,学生通过制作标语与绘本创编的方式进行多元创作,并在其中进行表达训练。本节课增强了学生对中秋节文化的认同感,激发了学生对中秋节文化的喜爱之情。

重阳节主题教学案例

一、教学内容分析

本课旨在提升小学生对中华传统节日——重阳节的了解与认识。重阳节作为中国的传统节日之一,有着悠久的历史,充满丰富的民族文化元素和有趣的文化活动内容,学习此课有助于引导学生了解中国传统文化并更好地传承下去。本节课通过小组合作的方式,课前查阅资料和设计体验活动,学生能够更加清楚地了解重阳节的各项习俗,体验重阳节文化的魅力。

二、学生情况分析

小学六年级的学生无论是在日常生活中还是课本学习中,都接触过重阳节,但是缺少对重阳节习俗活动系统的了解,缺少是什么、为什么、怎么办的思考。本节课通过小组合作的方式进行汇报和展示重阳节的习俗活动,每个学生既是活动的设计者也是参加者,双重身份的设定能够让学生对重阳节有比较深入的了解和思考。

通过课前访谈，很多学生并未体验过除登高、赏秋、敬老以外的重阳节习俗活动。因此，体验重阳节的习俗活动，体会重阳节的文化氛围就成为本节课的教学难点。本节课通过设计体验活动、准备相关节日物品、精心布置课堂空间，让学生对重阳节习俗活动进行沉浸式体验，从而感受传统文化的魅力，增强传承重阳节文化的信念。

三、教学方式与教学手段

通过生动有趣的教学方式、灵活多样的体验活动，引起学生了解重阳节文化的兴趣。

四、教学目标

1. 通过教师讲授和小组合作汇报，了解重阳节的起源和相关习俗活动，掌握重阳节的文化内涵。

2. 激发学生对重阳节的学习兴趣，增强学生对传统节日文化的感受力。

3. 通过继续研究，引导学生思考如何传承重阳节。

五、教学过程

（一）通过介绍节日命名，引入新课

谈话：王维的《九月九日忆山东兄弟》中提到“独在异乡为异

客，每逢佳节倍思亲”，这里的佳节指的就是农历九月初九重阳节。

提问：你们知道重阳节为什么这么命名吗？

小结：中国古人讲究阴阳之说，从数字上来看，九为至阳之数，两九相重，故名重阳。

（二）小组汇报重阳节习俗

谈话：根据重阳节习俗和学生的兴趣爱好，将学生分成六个小组，分别是登高组、茱萸组、菊花组、重阳糕组、秋组、敬老组。通过课前查找资料，每个小组都准备了非常精彩的关于这些习俗活动介绍的海报，并跟现场观众进行互动。

接下来按照抽签顺序，每个小组依次介绍海报内容，然后进行互动。

1. 登高组。

预设：重阳节在农历九月初九，正值秋高气爽时节，适合登高远眺，欣赏秋日美景。

提问：你们知道重阳节为什么要登高吗？

2. 茱萸组。

预设：为什么茱萸风俗是重阳节的一项重要内容呢？这其实跟辟邪消灾有关系。茱萸是一种药草，具有驱寒热、除风湿的作用，被古人称为辟邪翁。人们于是在重阳节将茱萸插在身上，或者制作成香囊佩在身上，或者放入酒中饮用。

提问：茱萸有什么作用？

3. 菊花组。

预设：重阳节喝菊花茶、饮菊花酒，可以达到延寿和保健的目的。古代的文人墨客对菊花有着特殊的情结，认为菊花不仅清丽淡雅、芳香袭人，而且具有傲霜斗雪的特征。因此，人们在重阳节还可以一边赏菊花，一边吟诗作赋。

提问：菊花在重阳节有哪些用途？

4. 重阳糕组。

预设：重阳节当天需要登高远眺，可是在平原地区没有高山怎么办呢？古人想到了一个办法，不能登上高山就用吃重阳糕代替。

提问：重阳节为什么要吃重阳糕？

5. 秋组。

预设：秋有很多玩法。重阳节正值金秋时节，天高云淡，层林尽染，是赏秋的最好时期。除了赏秋，还可以晒秋，在中国南方一些山区，由于地形原因，平地较少，很多村民借助自家房前屋后和窗台屋顶铺晒丰收的农作物和果实，如晒辣椒、黄菊、花生、玉米等。除此之外，重阳佳节还可以画秋、诵秋、吃秋、踏秋等。

提问："秋"有哪些玩法呢？

6. 敬老组。

预设：重阳节也是老人节，具有尊老、敬老、爱老的文化内涵。重阳佳节，一家老少登高宴饮，观赏菊花，品尝重阳糕，祝福老人长命百岁，全家其乐融融。

提问：重阳节和敬老有什么关系？

小结：通过这六个小组的介绍，我们具体了解了重阳节的各个习俗，感谢这六个小组的介绍以及大家的精彩互动。

(三)通过体验活动,体验节日习俗

谈话:课前教师跟每个小组沟通了想法,确定了每个小组设置的体验活动,并协助同学准备好了体验时需要用到的物品,布置了重阳节展板。

我们共开展两轮体验,每轮 10 分钟。大家体验完后需要留下你的问题,交流讨论,无法解答的问题写在"问题停车卡"上。音乐响起,表示上一轮体验结束,下一轮体验开始。各组用 1 分钟时间介绍一下本组的体验活动内容和规则,观众们选择自己感兴趣的 2—3 组,依次参与。

1. 通过小组介绍,了解每组的体验活动。

(1)登高组。

预设:我们组设置的体验活动是借助折叠人字梯体会登高望远的感觉,梯子的四周是一些玩具布偶,代表障碍。在登梯的过程中,一定要注意安全,必须在下面扶着,其他同学不能触碰,以免影响梯子的稳固性。

(2)茱萸组。

预设:我们准备了茱萸和精美的香囊,带领大家一起制作茱萸香囊,然后佩在你们的身上,共同辟邪消灾。在制作茱萸香囊的过程中,请大家不要浪费,每个人只能体验一次,产生的垃圾自己扔到垃圾桶里。

(3)菊花组。

预设:我们给大家准备了清肝明目的菊花茶,如果你最近火气比较大,眼睛干涩,欢迎体验我们的菊花茶。品茶时,请注意保持地面干净整洁。

（4）重阳糕组。

预设：相信大家都想品尝香喷喷、甜滋滋的重阳糕，我们给大家准备了一些关于重阳节的问题，答对者可以品尝一小块重阳糕，预祝大家学业步步高升。体验过程中，请大家排队答题，依次领取重阳糕，不要拥挤，不要出现噪声，否则有可能领不到重阳糕。

（5）秋组。

预设：我们组给大家准备了一个转盘，这个转盘上有“画秋”“诵秋”“品秋”三个模块，转到哪一个，你就可以体验哪一项活动。如果转到“画秋”，我们为你准备了关于秋的填色画和各种颜色的彩笔、蜡笔，填充完颜色之后你可以把画带走。如果转到“诵秋”，我们就会邀请你诵读关于秋的诗词，并有小礼物相送。如果转到“品秋”，那恭喜你，我们将邀请你品尝新鲜美味的小花生和小山楂。

（6）敬老组。

预设：我们表达对老人的尊敬和爱戴有很多种方式。你会怎样给爷爷奶奶过老人节呢？请你在彩色便签纸上记录下来，并把它粘贴在展板上，其他观众贴小贴画进行点赞，点赞数排名前五的将获得我们准备的小礼品。

2. 通过观众分享体验感受，深入思考重阳节。

教师小结：每个小组的活动都很精彩，让我们过了一次难忘的重阳节。我们在体验重阳习俗的同时对重阳节的认识也在不断加深，提出了很多具有启发性、研究性的问题。

(四)通过现场互动的问题,继续探究重阳节

1. 讨论大家互动生成的问题。

(1)重阳节又称老人节,九月九这样的数字与老人有什么关系?

(2)重阳登高代表了中国人什么样的心理祈愿?

(3)在古人心中,菊花有什么样的品质?菊花的价值以及在人们心目中的地位与老人节有什么关系?

(4)"遍插茱萸少一人",寄托着什么样的情感?

(5)重阳节品重阳糕,这样的活动给人什么样的感觉?

(6)老人节该如何敬老?

(7)重阳节的某些习俗已经逐渐淡出人们的视野,我们应该如何保护和传承重阳节文化?

小结:这些问题有的很简单,有的难以回答,需要我们继续查找资料才能有进一步的思考。课后请每组选择一个自己感兴趣的问题继续研究。

2. 通过学习任务单,思考如何传承重阳节。

谈话:很多同学会有这样的疑惑,重阳节作为中国的传统节日之一由来已久,可现在有些习俗已经慢慢淡出人们的视野,那么重阳节习俗在当前社会是什么状况?是什么原因导致传统习俗的消逝?我们又应该如何去传承重阳节呢?这些需要我们去观察、去调查。请大家课后结合"重阳节习俗的消逝及原因学习单",继续研究重阳节。

重阳节习俗的消逝及原因学习单

________班________组　　组员:____________

1. 继续研究本组主题内容,尝试解决体验活动中提出来的新问题。

我们组现在需要解决的问题是:

____

____

经过研究,我们得出的结论是:

____

____

2. 调查研究:重阳节习俗在现代社会的状况。哪些仍然保留着? 哪些已经淡出了公众的视野?

____

____

我们是这样调查的:(保存调查资料)

____

____

3. 我们的思考:是什么原因导致重阳节习俗的消逝?

____

____

4. 面对这样的状况,我们应该怎么办?

____

____

（五）师生协同布置展板，生成学习资源

谈话：今天同学们的介绍都特别精彩，课上展示的海报和提出的问题是特别好的学习资源，课后我们把本节课的学习成果布置在展板上，供其他未到场的学生进行学习。

【板书设计】

重阳节

了解节日知识

体验节日习俗

探究文化传承

六、教学特色

1. 学生是课堂的中心，无论是重阳节习俗的介绍，还是体验活动的设计，每个学生都各有分工且积极参与。在课堂上，学生是舞台的中心，教师从课前到课中及课后给学生提供了充足的资源支持。

2. 创造文化环境，带领学生体验节日习俗。课前教师带领学生布置了课堂空间，摆放了重阳节的专属物品，如菊花、重阳糕、丰收的农作物等。充满节日气息的课堂空间，有助于学生更好地体验重阳文化习俗，并形成深刻的记忆，从而更好地传承重阳节。

3. 学生既是课程的学习者也是学习资源的开发者。学生通过小组合作的形式，组内组间互相学习，在课上展示的海报及生成的问题，加深了对重阳节的了解。

腊八节主题教学案例

一、教学内容分析

以腊八节为主题的学科综合实践课程,包含道德与法治、音乐、语文、劳技等多学科。本节课结合学生的生活,使学生亲身参与进来,增强对传统节日文化的重视,了解腊八节文化已经融入生活的方方面面,注重文化的传承。

二、学生情况分析

目前学生对过节的认知只停留在热闹、吃吃喝喝、玩玩乐乐的认知中,对为什么这一天过这个节,节日的来历是什么,节日背后的文化含义等方面都没有深入了解。学生过节时,认识不到传统节日与普通节日的不同,也不了解传统节日的文化内涵。

作为中华传统节日,春节、清明节、端午节、中秋节、重阳节、元宵节等被人们广为关注,同学们也不陌生,且春节、清明节、端午节、中秋节这四个传统节日是国家法定节假日。可是,腊八节作为我国传统节日,社会关注的程度却相对较低。所以,在讲授这节课前，对本班学生进行了相关调查，调查显示：知道腊八节的学生约占51%；知道腊八节传说的学生约占23%；知道腊八节要喝腊八粥的学生约占86%；知道腊八节泡腊八蒜的学生约占81%；知道如何制作腊八粥的学生约占24%；知道如何制作腊八蒜的学生约占49%。

因此，在教学过程当中，应该引导学生深入挖掘传统节日的内涵，了解如何制作腊八粥，以及现代腊八粥与传统腊八粥制作方法的区别，引导他们深入思考，并知道这些节日都是我们的文化遗产，是需要保护和传承的。

三、教学方式与教学手段

本节课由学生的已知引出未知，激发学生的情感，感受腊八节文化。同时整合多个学科，运用多元智能，使学生对腊八节文化有更深入的体验。

情景故事表演：引导学生深入了解腊八节的传说故事。

体验活动：识谷物，制作腊八粥，使学生对传统节日有更深入的体验和感受。

小组合作：增强学生的小组合作和自主思考能力。

四、教学目标

1. 通过引导学生进行探究调查，了解腊八节的时间、习俗和有关传说。

2. 通过引导学生参与阅读资料、活动体验和小组合作等活动,初步感受传统节日的氛围。

3. 通过探究学习、活动体验,引导学生初步感受腊八节的节日习俗,产生对传统文化的认同感,了解腊八节的文化内涵,并将传统文化传承下去。

五、教学过程

(一)游戏导入

提问:你们喜欢过节吗?中国的节日有很多,让我们来玩一个小游戏吧,名字叫作“舌尖上的传统节日”。出示节日的名称,你们来说一说节日所对应的、具有代表性的美食吧。

课件出示游戏,学生选择。

小结:腊八节还有哪些有趣的事情可以做呢?今天这节课我们就来欢欢喜喜过腊八。

设计意图:通过游戏的方式引入课题,使学生对腊八节有初步的认识,同时激发学生的兴趣,活跃课堂氛围。

(二)认识腊八节的日期

提问:说到腊八节,你们知道腊八节是在哪一天吗?

学生回答。

教师:到底是不是呢?现在请同学们以小组为单位对照近四年的日历一起找一找吧!

提供近四年腊八节的日历,小组讨论。

提问:你在日历上发现了什么?腊八节的日期是哪一天?

引导学生找到腊八节的时间是农历十二月初八。

提问:关于腊八节的名称,你还知道什么?

腊八节是中国的传统节日,俗称“腊八”。因为十二月也称为“腊月”,所以腊八节的名称由此而来。

(三)感受腊八节文化

1. 腊八节的习俗。

提问:腊八节不仅有着古老的传说故事,还有很多传统习俗。你们知道腊八节都有哪些传统习俗吗?

(1)腊八粥。

学生回答:腊八粥。

教师提问:那你们知道腊八粥是用哪些食材制作而成的吗?

学生回答。

教师:没错,腊八粥的主要原料为谷类,常用的有粳米、糯米和薏米等。除此以外,豆类是腊八粥的配料,常用的有黄豆、赤小豆等。下面我们就来做一个小游戏,让我们以小组为单位,说一说手中食材的名称,然后将自己喜欢的食材粘贴到纸盘中,来熬制一份既好吃又美观的腊八粥吧!

活动:认识谷物,制作腊八粥(小组合作)。

小组展示,介绍成果。

小结:一份份美味又香甜的腊八粥制作好了,同学们可以在今年腊八节的时候和家人一起熬制香喷喷的腊八粥。

(2)腊八蒜。

提问:腊八节还有哪些习俗呢?

学生回答:泡腊八蒜。

提问:你们在腊八节和家人制作过吗?说一说。

教师:腊八蒜就是在农历腊月初八的这天,用醋来泡制蒜,其材料就是醋和大蒜瓣儿。大年初一吃饺子时蘸着里边的醋,别有一番滋味,大蒜更是清脆可口,而且久放不坏。

学生介绍有关腊八节的习俗故事。

(3)其他。

追问:除此之外,在腊八节这天不同地区有着不同的习俗,你还知道哪些呢?

教师:其实,不同地方的人过腊八节有着不同的习俗,例如,一些地区的人们会做腊八豆腐,还有一些地区的人们会制作腊八面等。课下我们还可以继续了解更多腊八节习俗。

2. 腊八节的传说故事。

提问:腊八粥是腊八节的代表性美食。端午节,吃粽子是纪念诗人屈原的爱国情怀;冬至时,吃饺子是不忘医圣张仲景舍药之恩;腊八节,最重要的民俗当属喝腊八粥。这又是为何?腊八节有着怎样的传说故事呢?课前教师将大家分成三个调查小组对腊八节的由来和传说故事进行了调查,下面请各小组来演一演、讲一讲有关于腊八节的传说故事。

第一小组:情景剧表演。

第二小组:故事讲述。

第三小组:绘本讲述。

提问:除此之外,还有很多有关腊八节的传说,谁再来说一说呢?

小结:有关腊八节的传说有很多,腊八节主要还是祈求丰收和吉祥的节日。更重要的是,腊八节的故事还告诉了我们要勤劳节俭,才能创造美好的生活。

(四)欢欢喜喜过腊八

1. 感受腊八节的氛围。

提问:腊八节应该怎样过呢?有什么样的习俗呢?首先让我们来看一段关于腊八节的视频,感受腊八节的氛围。

课件播放视频。

小结:腊八节不仅是一个重要的日子,同时它还有另外一个意义,那就是过年的开始。因此,在腊八节这天祈求新的一年吉祥如意是再适合不过的了。

2. 制作祈福卡。

教师:那么我们来制作一张腊八祈福卡吧,把你们的美好祝愿都写在里边。

学生制作。

3. 相关诗歌。

教师:最后,让我们一起来读一读这首关于腊八节的歌谣。

糯米莲子小红豆。

家家都熬腊八粥。

甜甜可口人人爱。

人人盼着年来到。

(五)总结提升

提问:同学们,通过这节课的学习,你对腊八节又有了哪些认识呢?

学生回答。

总结:腊八节是我国的传统节日,主要习俗是喝腊八粥、制作腊八蒜和腊八面等。节日习俗在不同的地区有所不同,是根据各地的地理位置、气候变化的性质而定的,从中可以看出,我国的劳动人民是非常有智慧的。此外,通过腊八节的传说故事使我们明白了很多道理,我们应该好好学习,继承发扬好的传统,把我们的传统节日传承下去,并发扬光大。

【板书设计】

浓情蜜意过腊八

农历腊月初八　腊八粥
　　　　　　　腊八蒜　　发扬传承
　　　　　　　腊八豆腐
　　　　　　　……

六、教学特色

本课采用全班课前调查、课中小组合作学习、课后行动的教学形式,充分发挥了学生的主动性,激发了学生的积极性,使学生在轻松愉悦的氛围中主动学习腊八节的相关知识,激发、培养了学生对中国传统节日的热爱之情。同时,本节课整合多个学科、运用多元智能,使学生对腊八节的文化有了更深入的体验。

1. 情景故事表演:引导学生深入了解腊八节的传说故事。

2. 体验活动:识谷物,制作腊八粥,使学生对传统节日有更深入的体验和感受。

3. 小组合作:增强学生的小组合作和自主思考能力。

4. 整合多个学科:使学生对腊八节的文化有更深入的体验。

传统节日实践活动方案

春节主题实践活动方案

一、背景分析

春节,作为中国人民心目中最重要的节日,承载着千年的文化传统,延续至今。它汇聚了丰富的文化习俗,包括扫尘、贴春联、贴门画、贴“福”字、守岁、放爆竹、拜年等。此外,春节期间还有一些特定的风俗习惯。

二、设计理念

继承与弘扬优秀传统文化是文化建设的重要内涵。把传统文化教育与学校教育紧密融合起来,会使学生在心灵深处受到传统文化的震撼和洗礼,从而种下真、善、美的种子。

从德育入手,尝试开展主题式实践活动课程,以传统节日为载体,开展持续性的教育。同时在学科教学中渗透传统节日文化教育,引导学生在实践过程中获得更多知识,掌握更多技能。

三、活动目标

1. 通过实践学习,引导学生了解春节的相关文化、习俗。

2. 通过实践活动,引导学生认识春节文化习俗,了解春节习俗的内涵。

3. 引导学生感知春节在中华传统节日文化中的重要地位,提升文化自信和民族自豪感。

4. 落实主题实践活动课程,深化全学科阅读,培养学生的综合素养,增进学生对传统文化的认同。

四、活动要求

1. 学校召开“新春嘉年华——综合实践活动方案”部署会。为确保活动顺利开展,成立领导工作小组。

2. 制订实践活动安全预案,强化活动安全管理,增强教师和学生的安全意识,确保师生的人身安全和活动的顺利进行。在活动过程中,应急措施必须落到实处,以便及时应变。

安全教育:教育学生要注意饮食安全、健康安全、活动安全,活动过程中不打闹、不追逐。

守纪教育:教育学生要一切行动听指挥。活动要按时、按要求团队行动,不得擅自离队,不得单独行动,有特殊情况必须向班主任汇报并征得同意。

文明教育:注意自身仪表和学校形象,要求统一穿校服,佩戴好红领巾。整个过程要求保持整齐、安静、有序,一切行动听从班主任或社团老师的指挥。

3. 学生是实践活动实施的主体,综合实践活动以小组合作的方式为主,在合作过程中注意根据兴趣、能力、特长,明确分工,做到人尽其责,合理高效。做好活动记录,保留过程性材料。

五、前期准备

(一)学校准备

1. 学校成立领导小组,制订综合实践活动方案,明确每个教师的责任和要求。

2. 发放通知书告知家长,本着自愿的原则,各班做好宣传沟通教育工作,争取家长的支持和配合。

3. 对参与活动的师生进行安全教育、注意事项等培训。

4. 提供相关经费支持。

(二)教师准备

1. 班主任布置与春节相关的班级文化,收集春节习俗的相关知识,带领学生进行先期了解。

2. 结合班级实际情况,制订活动方案。

3. 设计学生课前调查表、活动记录表,对学生进行查找资料的方法指导,做好活动前的安全教育。

4. 指导学生根据方案进行活动场地的设计与布置,对所需材料进行整理,并估算其成本,上报到学校相关部门。

【第一学期】

召开年级各科任教师与班主任见面会,确立活动主题,整合各学科资源,明确各学科教师的教学分工。激发学生参与活动的兴趣,指导学生查阅资料,联系热心家长和科任教师参与,同时了解学生查阅资料的进展情况及活动中遇到的困难。

【第二学期】

召开第二学期年级各科任教师与班主任见面会,确立活动主题,整合各学科资源,明确各学科教师的教学分工,并商定跨学科实践活动课程各学科的实施思路和活动方案。

(三)学生准备

【第一学期】

收集相关的书籍、报刊、视频和图片,通过课内外了解春节的由来,对春节的各项习俗充满兴趣,有能力的同学随时记录活动中的点点滴滴。

【第二学期】

背诵春节相关歌谣,向家长和长辈学习拜年,制作春节主题绘本,阅读民俗节日知识的图书,制作古诗书签、春联、灯笼、鞭炮、福字、中国结等与春节习俗相关的作品。

六、活动形式

【第一学期】

1. 开展“我对春节知多少”活动。

2. 各学科开展嵌入式活动。

【第二学期】

1. 教研组跨学科实践活动课程研讨会。

2. 召开家长协会工作部署会。

3. 走出校园,在社会大课堂中丰富民俗民风文化知识。

4. 各学科开展嵌入式活动。

5. “新春嘉年华”综合实践活动。

七、活动过程

【第一阶段:实施阶段】

【第一学期】

(一)分小组开展“我对春节知多少”活动

各班做好分组,确定组长及组员,按小组开展活动。邀请家长一起收集有关资料,并做好记录。通过不同方法和途径,让学生首先对春节有一定的了解,为后续开展活动奠定基础。同时,亲子活动的开展可以使学生在学习知识的同时增进与父母间的感情。调查内容主要分以下几方面:

第一组:春节的由来与传说调查小组。

学生通过上网或到图书馆查阅资料,了解春节的由来与传说;向身边人了解春节的故事。

第二组:春节饮食习俗调查小组。

学生通过各种途径搜集各地区的春节食俗。

第三组：春节传统风俗习惯调查小组。

学生通过调查采访，了解最受人们欢迎的春节饰品，如最具中国特色的中国结、红灯笼、对联、窗花、红福字、鞭炮，可以在调查中学习剪窗花、制作灯笼，培养动手能力。

第四组：春节新畅想调查小组。

走访身边人，了解人们对春节习俗的新看法，以及旧风俗的弊端。

（二）各学科开展嵌入式活动

1. 数学。

（1）认识年、月、日。通过观察年历卡和交流，认识时间单位年、月、日，知道年、月、日之间的关系；掌握大小月份的知识，较熟练地记住每月的天数，会计算全年的天数。通过年、月、日的学习，养成珍惜时间的良好习惯。此部分知识的学习为三年级具体认识年、月、日奠定基础。

（2）文明理财实践活动——“我的压岁钱·我节约收支”。巩固一年级知识，统计自己的压岁钱，做出计划，合理支配。

2. 语文。

（1）广泛开展中华经典诵读、春节诗词赏析活动，传承文化传统，颂和谐中华，促进学生文明素养的提高。

（2）组织学生开展“春联书法比赛”活动，教师引导学生学习春联、欣赏春联、创作春联、书写春联。

（3）猜灯谜。内容可设计为难易程度不同的字谜、成语、人名、物品、动植物等。

3. 美术。

组织学生制作既精美又环保的手工花炮,让学生体验浓浓的春节气氛。

4. 道德与法治。

教师为学生介绍不同地区春节的风俗,学生分组交流“我对春节知多少”收集的材料,丰富学生春节风俗的文化知识。

5. 音乐。

开展“过新春”活动。学唱关于春节的歌曲及编排舞蹈,感受音乐所表达的过新年的热烈气氛,感受不同地域的民歌风。让学生积极参与编创歌词、乐器演奏等音乐实践活动。

6. 英语。

介绍全球华人在海外过春节的情况,感受传统节日对中国人的影响;学会用英语说简单的拜年祝福语。

7. 体育。

了解非物质文化遗产舞龙、舞狮等春节传统体育项目。

【第二学期】

(一)教研组跨学科实践活动课程研讨会

任课教师在教研组活动时间,研究讨论基于“年节里的大学问”为主题的跨学科实践活动课程,初步确定活动方案。在班会中向学生宣布本学期将深入开展“年节里的大学问”跨学科实践活动课程,并进行汇报展示,为学生充分参与活动奠定基础。

（二）召开家长协会工作部署会

向家长协会成员公布本学期跨学科实践活动课程主题及工作计划。部署会上，听取家长对本次实践活动的建议和意见，做好记录，商讨实践活动方案，最终确定工作人员安排。让家长参与到学生的活动中，最大限度地发挥学生的自主性和家长的支持力度，保障活动的顺利进行。

（三）走出校园，在社会大课堂中丰富民俗民风文化知识

充分利用市区两级社会实践活动，走出课堂，走出学校，在活动中开阔学生视野，丰富与春节相关的文化知识。

（四）各学科开展丰富多样的嵌入式活动

1. 数学。

整理“春节知多少”调查结果，收集数据，通过分析做出简单判断，引导学生初步体会数据蕴含的信息、整理数据的方法和统计调查的必要性；通过交流，引导学生倾听他人发言，培养学生在活动中接纳、鉴赏他人意见的良好习惯以及互相尊重、合作交流的意识。

2. 语文。

阅读与“春节”相关的书籍，在书籍中感受节日的魅力。阅读结束后撰写感悟、收获等小作文，加深学生对节日文化的理解。

3. 美术。

以春节为内容，基于读过的书籍，画一本绘本；制作民族服

饰、装饰品，让学生体验浓浓的民俗。

4. 道德与法治。

教师继续为学生介绍中国传统民俗民风知识，也可以让学生通过课前准备给班级同学讲解和介绍传统节日。

5. 音乐。

学唱民俗主题儿歌，编排秧歌舞，感受不同地区春节在音乐方面的民俗文化知识，感受不同地域的民歌风。可以让学生积极参与编创歌词、节奏等音乐实践活动。

6. 英语。

充分体现本学期的阅读主题，在阅读英文绘本的过程中，引导学生经过阅读、思考，演绎绘本剧。

7. 体育。

将中华传统节日与武术相结合，师生突破创新思维，编排新春欢乐武术。

【第二阶段：成果汇报——“新春嘉年华”综合实践活动】

（一）主题实践活动课——辞旧迎新贺新春

1. 小组介绍春节习俗。

（1）春联组：介绍春联的由来、如何区分上下联。

（2）福字组：介绍福字张贴的位置、张贴方式。

（3）灯笼组：介绍灯笼的传说和样式。

（4）窗花组：介绍窗花图案的含义、展示剪窗花的过程。

2. 了解历法。

(1)教师介绍农历和公历的区别,使学生知道中华传统节日是农历节日,大年三十是农历年的最后一天。

(2)知道新年的第一个月叫作正月,每月的第一天叫作初一,春节就是农历年的第一天——正月初一。

3. 了解习俗的含义。

(1)使学生知道除夕夜吃饺子的原因,并了解其美好的寓意。

(2)学生品尝年糕,并了解吃年糕的含义。

(3)了解中国不同地区春节习俗的区别,培养学生尊重不同地区文化差异的意识。

(4)知道拜年的手势和含义,现场给长辈拜年说吉祥话,感受春节喜庆的气氛。

(二)春节嘉年华专场表演

由学校兴趣社团组成的表演团体进行春节习俗节目展示,深化师生对春节习俗的认识。同时,促进学生相关知识技能的学习,提升实践能力,培养文化认同的意识。

1. 威风锣鼓。

2. 民俗秀。

3. 传统舞蹈。

4. 瑶族舞曲。

5. 踩高跷、响扇。

6. 花钹大鼓。

7. 健康快乐动起来。

8. 漫谈中国节。

9. 欢乐地跳吧。

10. 十二生肖大拜年。

(三)春节文化体验活动

春节历史悠久,在传承发展中承载了丰厚的历史文化底蕴,并形成了一些较为固定的习俗,有许多文化习俗相传至今,如贴对联、吃年夜饭、剪窗花、做灯笼等。这些习俗是春节元素的重要内容,承载着丰富多彩的节日文化底蕴。

为了增强学生对春节习俗的体验,感受春节文化的魅力,以班级为单位,以"知文化""食文化""做文化""写文化"四个内容展开,共分为十六个体验项目。除了承办班级,学校其他同学凭借体验券到不同项目摊位感受春节习俗的文化魅力。

1. 知文化。

数学课上,教师带领学生掌握购物的学问,运用学到的乘法知识 DIY 日历;通过语文课,认识春联、学对对联,阅读传统节日读物;英语课上,了解国外华人是如何过春节的,并学习春节拜年的英语表达;体育课上,教师指导学生体验春节习俗——舞龙、舞狮、踩高跷,了解什么是非物质文化遗产……与此同时,教师们借助班级家长协会这一平台,把家长资源引入到综合实践活动课程中来,通过"家长讲堂",学生知道了"年"的由来、压岁钱该如何花……除此之外,教师还鼓励孩子走出去,和家长一起做一次亲子游,观看电影《小门神》,了解年画中的人物——门神。

体验内容:讲传说、知习俗、诵诗词、猜灯谜。

2. 食文化。

中华民族的食文化博大精深,也是春节文化中学生最感兴趣的部分。大年三十,学生和家人一起学习包饺子;过年时体验吃年糕,感受阖家团圆的喜悦。

体验内容:驴打滚、食汤圆、包饺子、糖葫芦。

3. 做文化。

教师指导学生欣赏并学习制作灯笼、窗花、爆竹、中国结,年级举办了一次以学生作品为主的春节文化展。春节前夕,学生代表给各办公室贴窗花、送祝福;过年时,学生和家长一起逛庙会,体验传统习俗的乐趣。

体验内容:编中国结、剪窗花、制灯笼、做鞭炮。

4. 写文化。

教师指导学生写福字、描春联。学生将自己亲手写的福字和春联贴在自家门窗上,营造了欢乐、祥和的节日氛围,并且亲手制作春节年画、绘本,“悦”画“悦”美。

体验内容:描春联、画年画、写福字。

八、活动延伸

1. 影像资料编辑存档。

2. 纸制文字材料整理存档。

3. 信息撰写。

4. 信息宣传。

5. 信息报送。

元宵节主题实践活动方案

一、背景分析

中华传统节日作为传承中华优秀传统文化的重要载体，可以使人们在节日中增长知识，陶冶情操，弘扬传统。元宵节是我国的传统节日之一。我们通过问卷调查的方式了解本校学生对元宵节的认知，结果显示大部分学生对元宵节的来历、内涵、习俗并不了解，对元宵节的了解基本停留在正月十五吃元宵的程度上。为此，我们以“元宵乐游园”为主题开展实践活动，让学生在活动中深入了解元宵节的文化内涵，激发他们对传统节日的热爱，推动文化传承，实现活动育人的课程导向。

本次主题实践活动对象为小学六年级学生。从能力角度来讲，经过五年多的学习生活，学生已经具备一定的收集处理信息、观察分析、动手操作以及交往合作能力。在五年级以“我爱你，汉字”为主题开展过综合性学习活动，学生围绕汉字的演变、书法艺术等感兴趣的内容撰写过简单的研究报告。这些均为本次主题实践活动的顺利开展奠定了良好的基础。

二、设计理念

综合实践活动是从学生的真实生活和发展需要出发,从生活情境中发现问题,转化为活动主题,通过探究、服务、制作、体验等方式,培养学生的综合素质。

作为小学低年级的学生要知道中华民族的重要传统节日,到了高年级就要知道重要传统节日的文化内涵。基于此,我们计划通过探究、服务、制作、体验相结合的方式,让六年级学生作为本次实践活动的主体,设计、组织、实施一次为低年级学生服务的游园活动。低年级学生在游园活动中形成对元宵节的初步认知,激发他们对中华传统节日的热爱。六年级学生则在教师的引导下围绕活动主题自主选择研究内容、制订任务目标、组织活动实施,提高他们对元宵节文化内涵的理解,增强对中华优秀传统文化的感受力,坚定文化自信。同时,培养他们的合作、探究、服务、创新、实践等综合素养。

三、活动目标

1. 通过引导学生多种途径搜集整理与元宵节有关的资料,培养学生搜集处理信息的能力。

2. 通过引导学生制作简易花灯和元宵,培养学生的操作技能。

3. 通过策划一场“元宵乐游园”活动,培养学生的合作、探究、服务、创新、实践等综合素养。

4. 通过组织丰富的实践活动，让学生亲身体验到元宵节丰富的文化内涵，感受中华优秀传统文化的魅力，激发学生的民族自豪感。

四、活动要求

1. 学校针对“元宵乐游园”主题实践活动方案召开专题研讨会，进行可行性研究，确保活动顺利开展，相关部门提供场地、服务、技术等方面的支持。

2. 根据学生的分组情况，每组确定指导老师。教师作为主题实践活动的组织者、参与者和促进者，为活动持续深入开展提供有力的支撑，适时适度地指导贯穿于实践活动实施的全过程。

3. 学生是活动实施的主体，实践活动以小组合作的方式为主，在合作过程中注意根据兴趣、能力、特长明确分工，做到人尽其责，合理高效。做好活动记录，保留过程性材料。

4. 家长控制学生在家使用电子产品查阅资料的时间，保证用眼卫生，避免浏览影响身心健康的网页，为孩子搜集查找资料提供保障。

五、前期准备

（一）学校准备

1. 确定活动主题、时间、地点、人员配备，制订活动规划。

2. 对相关人员进行活动前的安全、注意事项培训。

3. 进行活动部署，设置各个岗位的责任人。

4. 采购活动中所需的物资材料。

(二)教师准备

1. 教师通过多种途径了解元宵节文化内涵,做好文化知识储备,熟练掌握制作技艺。

2. 结合班级实际情况,制订活动方案。

3. 设计学生课前调查、小组活动记录、小组活动方案、主题实践活动评价等表格,对学生进行搜集资料的方法指导,做好活动前的安全教育。

4. 指导学生根据方案进行活动场地的设计与布置,统计活动所需材料,预估成本并上报到学校相关部门。

(三)学生准备

搜集元宵节的来历、习俗、故事、图片等资料,完成课前调查表。

六、活动形式

(一)活动前

学生通过翻阅图书、网上搜索、调查走访等方式汲取信息,整理资料,完成调查表,做好活动前期的知识积累。

(二)活动中

1. 在活动启动课上,围绕课前调查情况进行交流讨论,根据兴趣、特长形成主题实践活动小组，以小组合作探究的方式制订小组活动方案。

2. 在方案指导课上，分组介绍活动方案，全班交流讨论，在教师的引导下完善各小组活动方案。

3. 根据小组活动方案，在教师的指导下进行实践活动。

4. 以小组为单位在班级内进行活动展示，学生互评；在教师的指导下完善展示内容，确定最终的成果展示形式。

5. 在校园内以低年级学生为主要服务对象开展“元宵乐游园”活动，加强其对元宵节的认知。同时，促进六年级学生相关知识技能的学习，提升实践能力，培养责任意识和担当精神。

6. 活动过程中，安排学生做好记录，教师注意活动影像资料的留存。

（三）活动后

1. 以小组为单位交流活动目标达成情况，总结活动的得与失。

2. 成果整理，如活动方案、记录、反思、总结、手抄报、手工作品等。

七、活动过程

【第一阶段：活动启动，制订方案】

（一）教学准备

1. 教师准备：搜集有关元宵节的图文和视频资料，设计学生课前调查表、活动记录表。

2. 学生准备：搜集有关元宵节的资料，完成课前调查表。

表 2-1 “元宵佳节我知道”调查表

调查项目	调查结果	调查方式
别　称		
起　源		
风　俗		
传　说		
诗　词		
花灯制作方法		
元宵制作方法		
其　他		
最感兴趣的内容		

表 2-2 “元宵乐游园”小组活动记录表

活动主题				
活动时间		活动地点		第________次
参加活动人员				
活动目标				
活动形式				
活动过程				
活动照片				
活动反思				

（二）明确主题——元宵乐游园

1. 学生猜谜语引出中华传统节日——元宵节。

2. 开展“元宵佳节我知道”班级交流活动，形成对元宵节的初步认知。

3. 揭示活动主题，明确活动意义。围绕“元宵乐游园”这一主题，学生设计、组织、实施一次为低年级学生服务的元宵节游园活动，提高低年级学生对元宵节的认知，激发他们对中国传统节日的热爱。同时，学生在活动中深入了解元宵节丰富的文化内涵，感受中华优秀传统文化的魅力，增强文化自信，提升综合素养。

（三）围绕主题，制订小组活动方案

1. 学生就围绕主题可以开展哪些活动进行分组讨论，教师引导学生将提出的活动内容进行梳理、合并、分类。例如，讲解元宵节知识、制作元宵花灯、元宵节诗词诵读、猜灯谜、制作元宵……

2. 学生根据自己的兴趣、能力、特长组成若干活动小组，明确主题，确定组长，利用一周的时间完成小组活动方案的制订。

3. 教师组织学生开展小组活动方案研讨。组长代表小组进行汇报，其他组的同学提出建议。教师给予指导后，小组再次修改完善活动方案表并形成终稿。

表 2-3 “元宵乐游园”小组活动方案表

活动主题			
活动目标			
小组名称		小组人数	
活动时间		活动地点	
组　长		指导老师	
小组成员			
活动内容			

续表

任务分工	
展示形式	
配合部门	

【第二阶段:各展所长,实施方案】

学生根据小组活动方案进行实践活动,各展所长,团结协作,教师辅以适时指导,提高活动效率。

1. 元宵节知识宣讲组:在信息科技老师的指导下将搜集到的元宵节别称、起源、风俗、传说等知识制成 PPT 讲稿。在语文老师的指导下练习元宵节知识的讲解,并制作知识问答卡片。

2. 元宵节诗词诵读组:对搜集到的元宵节诗词进行筛选,在信息科技老师的指导下围绕诗词的作者、背景、意思、情感等内容制成 PPT 讲稿,在语文老师的指导下练习配乐朗诵。

3. 元宵节花灯制作组:查阅花灯的起源、种类、制作方法等知识材料,在劳动老师的指导下掌握简易花灯的制作方法。

4. 元宵节灯谜组:将搜集到的谜语进行分类,在语文老师的指导下学习猜灯谜的技巧,搜集、编写谜语,制作谜语卡。

5. 元宵制作组:了解元宵的制作方法,在学校厨师的指导下摇元宵。

6. 宣传报道组:在数学老师的指导下设计最佳游园路线图;在美术老师的指导下设计宣传海报;在信息科技老师的指导下用照相机记录下有意义的活动瞬间。

【第三阶段:活动展示,提升素养】

(一)班级展示,交流完善

教师组织学生开展主题实践活动班级交流展示,小组轮流汇报实践活动成果,其他同学做出评议,共同提升实践能力。在学生展示过程中,教师要关注内容的科学性、准确性,注重对学生语言表达、仪态神情等方面的指导,为校级展示做好准备。

1. 元宵节知识宣讲组:利用图文并茂的 PPT 讲稿为同学们讲解元宵节的知识。

2. 元宵节诗词诵读组:声情并茂地介绍元宵节的诗词,并配乐朗诵。

3. 元宵节花灯制作组:讲授元宵节花灯的知识,并指导同学制作一盏简易花灯。

4. 元宵节灯谜组:组织同学制作谜语卡,开展猜灯谜游戏。

5. 元宵制作组:讲解元宵的制作方法,指导同学摇元宵。

6. 宣传报道组:展示游园路线图和宣传海报,并在其他组汇报时拍照。

(二)学校展示,提升素养

1. 活动准备。

(1)划分活动区域。师生确定活动地点,并根据游园项目设置成不同功能区域,即知识宣讲区、诗词诵读区、花灯制作区、灯谜游戏区、元宵制作区。

(2)发出活动邀请。学生将游园路线图交给低年级班主任，由班主任发放到学生手中。

(3)准备活动材料。后勤保障部门准备好制作简易花灯、元宵所需要的材料以及无线扩音器、移动多媒体、小奖品等活动用品。

(4)布置活动会场。师生在活动区域的醒目位置张贴宣传海报，布置元宵节知识展板，调试电子设备，悬挂装有谜语卡的花灯等，营造"元宵乐游园"的喜悦氛围。

2. 元宵乐游园。

活动当天，低年级学生持游园路线图参加"元宵乐游园"活动。宣传报道组的学生提供参观路线引导低年级学生有序游园。同时，该组同学穿梭于各个活动区域，用相机记录下精彩的活动瞬间。其他小组的同学各司其职，在相应的活动区域讲解示范，提供服务，使前来游园的低年级学生了解元宵节的风俗，体会元宵节的欢乐，感受中华传统节日的魅力。

(1)知识宣讲区。

活动地点：篮球场。

展示人员：元宵节知识宣讲组。

活动内容：讲解元宵节的别称、起源、风俗、传说、饮食等知识。

活动形式：学生按照展板内容轮流讲解元宵节的相关知识，利用知识问答卡片开展有奖问答，并为答对的同学发放小奖品。

(2)诗词诵读区。

活动地点：甬路。

展示人员：元宵节诗词诵读组。

活动内容:讲解有关元宵节的诗词,指导游园的学生开展诵读活动。

活动形式:学生利用移动多媒体设备播放元宵节诗词 PPT 讲稿,边讲解边与听众互动,指导低年级同学配乐朗诵一首有关元宵节的诗词。

(3)花灯制作区。

活动地点:会议室。

展示人员:元宵节花灯制作组。

活动内容:讲解元宵节花灯的知识,指导低年级学生制作简易花灯。

活动形式:学生轮流介绍元宵节赏花灯的由来、寓意,讲解花灯的种类与制作方法,指导游园的同学动手实践,学习制作一盏简易花灯。

(4)灯谜游戏区。

活动地点:文化长廊。

展示人员:元宵节灯谜组。

活动内容:引导低年级学生有序猜灯谜。

活动形式:学生引导游园的同学有序开展猜灯谜活动,并为猜对的同学发放小奖品。

(5)元宵制作区。

活动地点:食堂。

展示人员:元宵制作组。

活动内容:指导低年级学生制作元宵。

活动形式:学生引导低年级同学走进食堂,为其讲解元宵的制作方法,并指导他们尝试摇元宵。活动后,厨师将学生制作的元宵煮熟,分发给他们品尝,让其体会到劳动带来的乐趣和元宵节的幸福与甜蜜。

【第四阶段:总结得失,多元评价】

教师引导学生从知识、能力、表现等方面谈收获。通过自评、互评、他评的方式,从参与态度、合作精神、探究精神、学习能力等方面对本次主题实践活动的表现进行评价。

表 2-4 “元宵乐游园”主题实践活动评价表

项　目	个人自评	小组评价	教师评价	综合评价
积极进行课前调查,认真完成调查表				
积极参与小组活动方案的制订				
认真完成小组分配的任务				
与同学团结协作,乐于帮助他人				
善于思考,积极解决困难与问题				
积极参与活动展示				

(说明:在空格内画“☆”进行评价。三星——优秀,二星——良好,一星——合格)

八、活动延伸

1. 制作本次主题实践活动微信公众号推文,展示学生的实践活动成果。

2. 收集整理活动方案、记录、作品，装订成册，为今后其他班级开展元宵节主题实践活动提供借鉴。

3. 以本次主题实践活动为范例，拓展到其他传统节日，逐步形成传统节日实践活动的模式，打造具有本校特色的传统节日实践活动课程体系。

清明节主题实践活动方案

一、背景分析

《中华优秀传统文化进中小学课程教材指南》指出：小学阶段，由启蒙教育入手，介绍中华民族重要历史人物、传统节日、节气与风俗、发明发现、特色技艺等，使学生初步了解中华优秀传统文化的源远流长、丰富多彩，培养学习兴趣。

《义务教育课程方案(2022 年版)》指出：依据学生终身发展和社会发展需要，明确育人主线，加强正确价值观引导，重视必备品格和关键能力培育。加强课程内容与学生经验、社会生活的联系，强化学科内知识整合，统筹设计综合课程和跨学科主题学习。

二、设计理念

清明节是中国重要的传统节日之一，是中华民族祭奠祖先、缅怀先烈、追忆逝者、寄托哀思的传统节日。引导学生通过参与活动了解清明节的起源、认识清明节习俗、感知清明节文化等内容，使学生对我国传统节日有一个全面、深入的认识，以此帮助学生形成对中华传统节日文化的自信心和自豪感，懂得尊重中华民族的优秀文明成果，树立对中华传统节日文化传承和发扬的责任意识。

三、活动目标

1. 通过对清明节主题实践活动的学习，引导学生了解认识清明节的历史、文化、习俗等内容。

2. 通过丰富的活动体验，引导学生感知清明节的传统文化价值和现实意义，提升学生的文化自信和民族自豪感。

四、活动要求

1. 高度重视，落实方案，保证师生安全，确保教育见实效，真正对学生进行传统文化的教育，弘扬民族精神。

2. 教师提前做好资料的收集整理，力求活动形式丰富多彩。

3. 学生根据任务做好前期调查，活动中积极参与，合作探究，理解清明节的内涵。

4. 保证后续延伸活动逐一落实，系列开展活动。

五、前期准备

（一）学校准备

1. 学校学科教师负责活动环节的设计与内容准备。

2. 学校宣传部门负责活动摄像和公众号的撰写发布。

3. 学校德育部门负责组织开展传统节日活动的相关工作。

(二)教师准备

搜集关于清明的习俗、故事、诗歌、文章、音频、视频等资料并推荐给学生选用,准备制作青团的材料,使活动更加丰富多彩。

(三)学生准备

搜集关于清明节的资料:习俗,传说,故事,诗词。

六、活动形式

围绕清明节习俗、文化和学生培养目标,共设计七大主题活动。

表 2-5 清明节主题活动设计表

主题活动	活动形式	培养目标
学习英雄事迹	观看影片	懂得对长辈感恩、珍惜幸福生活
网上祭扫献花活动	网络祭奠	红色基因代代永传承
爱我家乡,缅怀先烈	祭扫周德纯烈士	向先辈致敬、贡献力量
了解掌握清明文化	查阅搜集资料	了解革命先烈的丰功伟绩,感受到幸福生活的来之不易
清明祭祖,郊外踏青	家庭亲子活动	亲近自然,张扬生命力
制作青团,传承习俗	青团制作	动手制作传统节日美食
清明文化我了解	班级分享交流	感知传统文化价值和现实意义,提升文化自信和民族自豪感

七、活动过程

活动时间:清明节前后(建议分四天开展活动)。

(一)活动流程及安排

【第一天活动流程及安排】

1. 学习英雄事迹。

通过观看影视资料、宣传片、短视频,学习红色故事,引导学生学习了解英雄的事迹和精神,学习了解他们所处的历史背景及相关事件,学习了解中国共产党带领中国人民建设新中国的伟大历程。

2. 网上祭扫献花活动。

清明节放假期间,在家长帮助下自愿参与网上献花活动,通过网络参与,以实际行动告慰英烈,以体现“红色基因代代永传承”的主旨。

3. 了解掌握清明节文化。

了解清明节的由来,清明节的习俗,有关清明节的传说故事等;掌握有关清明节的诗文,弘扬中华民族优秀文化和传统美德;与家人畅谈革命先烈为中华人民共和国成立做出的丰功伟绩,充分感受现在幸福生活的来之不易。

【第二天活动流程及安排】

清明祭祖,郊外踏青。跟随家人祭祖扫墓,关注祭祖扫墓活动中的习俗,谈谈自己对清明节各种习俗的感想,做到文明安全祭祖扫墓。学生还可以跟家人到郊外踏青,开展拔河、踢毽子、荡秋千、打羽毛球等亲近自然、张扬生命力的活动。

【第三天活动流程及安排】

1. 爱我家乡,缅怀先烈。

通过“铭记历史　牢记担当——致敬家乡英雄周德纯”主题红色实践系列活动,引导队员凝聚前进力量,牢记时代担当与使命,用铮铮誓言和实际行动向革命先辈致敬。

2. 制作青团,传承习俗。

体会动手制作青团带来的乐趣,了解清明的传统习俗,形成尊重优秀传统文化的良好风气。

【第四天活动流程及安排】

清明节活动交流分享,引导学生感知传统文化的价值和现实意义,提升文化自信和民族自豪感。

(二)活动具体过程及内容

1. 学习英雄事迹。

活动时间及地点:第一天 08:30—16:30,学生各自家庭。

活动形式:以家庭为单位,自选红色影片进行观看。

具体安排:

(1)活动组织:父母与孩子一起参与活动。

(2)活动内容:自选红色教育影片。

以家庭为单位,自选观看影视资料学习红色故事,学习了解英雄的事迹和精神,学习了解他们所处的历史背景以及相关事件,学习了解中国共产党带领中国人民建设新中国的伟大历程。

2. 网上祭扫献花活动。

活动时间及地点:第一天 08:30—16:30,学生各自家庭。

在清明节放假期间,在家长帮助下自愿参与网上献花活动,通过网络参与，以实际行动告慰英烈，以体现“红色基因代代永传承”的主旨。

3. 了解掌握清明文化。

活动时间及地点：第一天 08:30—16:30，学生各自家庭。

(1)活动组织：父母与孩子一起参与活动。

(2)活动内容：查阅资料了解习俗。

了解清明节的由来，清明节的习俗，有关清明节的传说故事等；掌握有关清明诗文，弘扬中华民族优秀文化和传统美德；与家人畅谈革命先烈为中华人民共和国成立做出的丰功伟绩，充分感受现在幸福生活的来之不易。

4. 清明祭祖，郊外踏青。

活动时间及地点：第二天 08:30—16:30，学生各自家庭。

(1)活动组织：父母与孩子一起参与活动。

(2)活动内容：跟随家人祭祖扫墓，关注祭祖扫墓活动中的习俗，谈谈自己对清明节各种习俗的感想，做到文明安全祭祖扫墓。学生还可以跟家人到郊外踏青，开展拔河、踢毽子、荡秋千、打羽毛球等亲近自然、张扬生命力的活动。

5. 爱我家乡，缅怀先烈。

活动时间及地点：第三天 14:20—15:20，学校礼堂。

(1)活动组织：由少先队辅导员组织五年级师生进行。

(2)活动内容：“铭记历史　牢记担当——致敬家乡英雄周德纯。”

6. 制作青团，传承习俗。

活动时间及地点：第三天 15:30—16:30，学校食堂。

(1)活动组织：由食堂工作人员组织培训，以班级为单位进行。

（2）活动内容：体会动手制作青团带来的乐趣，了解清明节的传统习俗，形成尊重优秀传统文化的良好风气。

食堂工作人员进行讲解（前期准备好制作青团的面团）。

学生在师傅和教师的带领下学习制作。

①将绿色面团搓成长条，切成剂子。

②搓圆剂子，在中间用大拇指按出一个坑，放入馅料，封口，做成窝窝头状。

③将剂子按成圆饼形。

④上锅蒸15—20分钟即可。

7. 清明文化我了解。

活动时间及地点：第四天08：20—09：00，班级教室。

（1）活动组织：以班级为单位，班主任组织学生开展。

（2）活动内容：学生自由分享清明节文化。

以班级为单位，教师组织学生在班级进行清明节主题交流分享，通过学习引导学生了解清明节的起源、传说、节俗文化等有关传统节日基本知识方面的内容。

（3）具体安排。

①话说清明来历。

②话说清明习俗。

③话说清明诗词。

八、活动延伸

1. 好书推荐。

（1）梁遇春《又是一年春草绿》《春雨》。

(2)老舍《大明湖之春》。

(3)冰心《一日的春光》。

2. 观看爱国影片,学习先烈精神。

为了缅怀为国牺牲的革命前辈,组织学生观看爱国主义影片,一边追忆一边学习英雄们对党忠诚、无私奉献、不畏艰难、敢于担当的精神。

3. “穿越时空的对话”——写给革命先烈的一封信。

着力讲好党的故事、革命的故事、英雄的故事,抒发真情实感,表达对革命先烈的崇高敬意,让红色基因、革命薪火代代相传。

4. 从小学党史,永远跟党走。

聘请专业人士走进学校,开展不同形式的宣传教育,让学生深刻感受“没有共产党就没有新中国”的深刻内涵。

端午节主题实践活动方案

一、背景分析

传统节日是中华优秀传统文化的重要组成部分，富有人文精神和时代气息，是中华民族的宝贵精神财富。充分挖掘和利用传统节日文化资源，既是历史使命，又是现实需要。在中华传统节日体系中，端午节既与岁时节令密切相关，又富含丰富的历史文化信息，是历史情感的表达和认识自然、敬畏自然的体现，它所蕴藏的思想文化内涵为时代发展提供不竭动力。端午节的起源蕴含着时代需要的传统伦理道德规范；端午节的节俗内容体现出时下提倡的人与自然和谐共生的生态文明思想；端午节的身体实践性传递了急需强调的日常健康防疫理念。

二、设计理念

端午节是中华优秀传统文化教育的有效载体，屈原的故事蕴含着对国家的忠诚；龙舟竞渡展现出一种昂扬向上的运动精神和力争上游的民族豪情；而插菖蒲、插艾蒿、喝雄黄酒等习俗则表达了避瘟驱毒、祈求健康长寿的愿景，也彰显出一种热爱自然、天人合一的情怀。借助端午节开展系列专题教育活动，引导学生崇尚自然，强健体魄，培养学生团结合作、锐意进取的民族精神。

三、活动目标

1. 知道端午节的来历及风俗习惯，了解全国各地及国外庆祝端午节的方式。

2. 知道屈原是伟大的爱国诗人，在学习、体验端午节庆祝活动中，激发学生爱家乡、爱祖国的情感，理解社会主义核心价值观。

3. 通过参与端午节习俗中清扫家居、消灭“五毒”等积极健康的生活方式，培养学生讲究卫生、爱护环境的良好习惯。

4. 通过制作五彩线、香囊、粽子等活动，师生共度端午节，体验端午节的快乐。

四、活动要求

本活动属跨学科主题实践活动，师生全员、全学科共同参与。

五、前期准备

（一）物品准备

1. 小葫芦、纸粽子、艾草帽圈等。

2. 收集端午节的传说、故事、歌曲。

3. 准备包粽子的材料。

4. 定向越野的任务单、路线图等。

5. 艾蒿、豆类、谷物。

(二)人员准备

学校每个处室负责一个年级,班级活动由正副班主任负责。

六、活动形式

1. 地点:校内在各班教室,校外在滨河公园。

2. 形式:以找一找、讲一讲、演一演、做一做、画一画、唱一唱、缝一缝等形式,走进端午节,感受端午文化。

七、活动过程

(一)校内活动准备部分

1. 知道农历五月初五是中华民族的传统节日端午节,了解端午节特有的风俗及庆祝方式。

2. 了解屈原是我国伟大的爱国诗人,会讲诗人的故事,学习诗人的作品。

3. 通过参与清扫环境,制作五彩线、香囊、粽子等活动,学会分享,体验节日的快乐。

4. 掌握交通一卡通的使用方法和独立乘坐地铁出行的本领,为出行做准备。

（二）校外活动实施概况

1. 集体乘地铁出行，感受地铁给家乡带来的便利。

路线：校园集合—步行至地铁西山口站—进站乘车至昌平东关站—出站步行至滨河公园。

2. 全校集中活动。

（1）诗文合诵：屈原作品、历代有关端午的诗文（语文）。

（2）校长致词：走进端午，品味文化。

（3）扇舞翩翩：校特色体育项目——响扇表演（体育、舞蹈）。

（4）龙舟竞渡：模仿划龙舟的体育游戏，以比赛的形式进行。

3. 年级分组活动。

八、活动延伸

1. 倡议全体同学以“我向家人学一技”为主题，学习包粽子的方法，在学习的过程中，尝试用各种谷物作为原料，包不同地方、不同风格、不同特色的粽子，利用班会时间组织同学交流了解有关粽子的知识，谈谈包粽子的感受。

2. 全体同学参与“挂艾蒿”活动。我们当地有“端午节挂艾蒿”的习俗，全体同学在端午节早晨与家长一起采集艾蒿，了解“挂艾蒿”传说的由来，并和父母一起把艾蒿挂起来。

3. 三至五年级同学采集艾蒿后，将艾叶晒干后亲手缝制一个香囊。

七夕节主题实践活动方案

一、背景分析

中华优秀传统文化是中华民族语言习惯、文化传统、思想观念、情感认同的集中体现，凝聚着中华民族普遍认同和广泛接受的道德规范、思想品格和价值取向，具有极为丰富的思想内涵。中华优秀传统文化教育以弘扬爱国主义精神为核心，从爱国、处世、修身三个层次概括凝练中华优秀传统文化教育的主要内容。在小学阶段要求以提高学生对中华优秀传统文化的感受力为重点，开展认知教育，了解中华优秀传统文化的丰富多彩。

传统节日活动设计，旨在通过实践性活动，使学生了解节日的来源、特点、习俗等内容，传承节日文化，培植学生的家国情怀。

二、设计理念

实践活动是从学生的真实生活和发展需要出发，引导学生从生活情境中发现问题，转化为活动主题，通过探究、服务、制作、体验等方式，培养学生综合素质的跨学科实践性课程。本节课旨在让学生从个体生活、社会生活及与大自然的接触中获得丰富的实践经验，培育价值体认、责任担当、问题解决、创意物化等方面的意识和能力。

本活动方案小学中低年级以七夕节的介绍、日期、由来和习俗等进行分享；高年级要简单叙述当时的文化背景、社会环境、地区差异对七夕节设立的影响，分析得出其对社会发展的影响和作用，初步培养学生透过现象看本质的能力。通过引导学生参加传统节日实践性学习，培养学生的文化自信。

三、活动目标

1. 学生通过综合实践活动，了解七夕节的由来、传说、习俗、食物、活动等知识，理解节日与社会不可分割的内在联系。

2. 学生通过资料探究和设计制作等一系列活动进行积极探究和物化，并选定不同展示方式对活动过程中的体验、经历和收获进行分享交流。

3. 通过实践活动，进一步激发学生对中华优秀传统文化的热爱，引导他们学习并传承优秀文化，培养他们的家国情怀和文化自信。

四、活动要求

1. 学生自主选择研究主题并主动进行探究，利用自身旧知探究新知，获得积极的体验和丰富的经验。

2. 学生在自主探究的过程中，形成对自我、社会和自然之间的整体认识，并学会与自然和谐发展。

3. 引导学生养成合作、分享、积极进取的良好个性品质。

五、前期准备

(一)教师准备

1. 制订活动方案。

2. 制订学生活动分组表、活动过程记录表、活动展示方案、拓展活动方案。

3. 准备电脑、多媒体展台、彩纸、剪刀、摄像器材等。

(二)学生准备

准备平板、照相机、摄像机等。

六、活动形式

讨论分析、戏剧表演、游戏等。

七、活动过程

【第一阶段:准备阶段】

(一)阶段目标

1. 通过视频、图片创设情景,引发学生对日历上中国节日分布的思考,激发学生对传统节日探究的兴趣。

2. 通过教师的指导,使学生自主发现问题、提出问题、确立研究主题,初步制订研究计划。

(二)活动时间

1 课时。

(三)活动过程

1. 激发兴趣,导入主题。

教师出示中国全年的节日图,引导学生观察并说一说:“你们发现了什么问题?”

预设:日历上共有三种基本节日——世界公认的节日、西方国家设立的节日、中国的传统节日。现在,社会上对传统节日宣传相对较少,无法体现中华五千年文明的底蕴。

教师小结,引出活动主题:我们要深入了解我国的传统文化和节日,喜欢自己的文化,结合时代特色,继承传统、推广文明、发扬民族精神。我们以“七夕节”为例,学习和推广传统节日文化底蕴,让全世界人民了解中华五千年的文化。

2. 归纳问题,确定研究的子课题。

头脑风暴:通过七夕节这个词或者这个节日,我能想到什么内容?

预设:七夕节由来、七夕节传说、七夕节习俗、七夕节古诗、七夕节传统食物、七夕节不同地点的活动等。

学生投票选出最想研究的五个小课题。

通过归类整理,将最有代表性的子课题进行规范化表达。

例如：

(1)由来：七夕节的由来及民间传说。

(2)习俗：七夕节古时的庆祝活动，并结合现代活动谈谈其影响。

(3)诗画：与七夕节有关的诗画，分别代表的意义。

(4)食物：各地不同食物，结合地方饮食谈异同。

(5)创意：有关制作，结合现代化手段进行作品创新。

根据自己的意愿，选择最想探究的活动子课题，组合成研究小组，并选出小组长。

3. 制订小组的研究计划，论证方案。

(1)各小组初步设计子课题的活动方案。(教师重点指导学生利用什么样的方法开展活动、研究和收集信息的方法。)

(2)小组长分别介绍自己的课题研究方案。

(3)其他小组成员评价，提出建议和补充。

(4)教师指导评价。

(5)各小组修改、完善，最后确定子课题研究的活动方案。

【第二阶段：实施初期阶段】

(一)阶段目标

1. 利用网络、实体书籍等，查找与主题相关的文字、图片、视频等内容，并在实践过程中逐渐熟练工具的使用。

2. 通过活动，学习使用文献研究法、科学整理信息资料等探究方法。

(二)活动时间

校内4课时+校外1天。

(三)活动过程

1. 指导学生通过网络收集与七夕节相关的资料并分类保存。教师引导学生通过查找关键字精准搜索,学习在网上收集资料的方法。

2. 小组交流整理收集到的信息资料,筛选与主题相关的核心内容、用于全班展示交流的素材。

3. 指导各小组对交流素材进行深入分析,设计内容展示方式(PPT、剧本、音乐、图表、手抄报、绘画等)。

4. 按小组预定的方案,安排具体人员记录、拍照、摄像、后期编辑等。

5. 在活动过程中随时记录研究日记和感悟。

(四)指导要点

1. 指导学生有目标地收集资料,有类别地整理资料,合理挑选资料,用新颖、引人注目的方式展示相关内容。

2. 指导学生合理安排相关人员,鼓励学生与同学、教师和家长等合作完成任务。

3. 协调全班五个组的展示方式,力求不重复、有重点、有意义。

【第三阶段:实施中期阶段】

(一)阶段目标

1. 通过交流沟通,梳理各组遇到的问题并分别解决。

2. 小组成员对实践计划达成度进行自评和互评,分析未达成目标的原因,思考完成任务的必备条件。

3. 学生根据客观条件和目标完成的难易程度,对实践计划进行修改和再设定。

(二)活动时间

1 课时。

(三)活动过程

1. 各小组收集整理获得的相关资料。

2. 各小组分享、交流各组遇到的问题。

3. 小组成员对各组执行实践计划达成度进行自评、互评和实施建议。

4. 对各小组的实践计划进行总结和整改,设定出简单的执行计划。

(四)指导要点

1. 指导学生对收集的材料进行筛选,并用适当的方式展示。

2. 指导学生在统计分析的基础上,初步撰写研究报告。

3. 指导学生在活动过程中做好自评和互评，促进学生自我认知与共同成长。

【第四阶段：总结阶段】

（一）阶段目标

1. 以小组为单位进行资料的整理与交流，撰写研究报告（展示环节文字稿）。

2. 确定详细的展示方式，鼓励学生创新，选择有特色的展示方式。

3. 设计展示的具体人员安排、视频制作、手抄报、剧本表演、知识抢答、图表分析、版面组合编排等内容。

（二）活动时间

2 课时。

（三）活动过程

1. 以小组为单位进行阶段性资料整理与交流。

2. 各小组对本组资料进行汇总、整理、分析、筛选、研究，形成结论。

3. 撰写小课题的研究报告（展示环节文字稿）。

4. 由各小组长汇总归纳，完成主题报告。

5. 讨论课题准备展示的内容，做好展示时的人员安排、资料安排、展示方式的细节等。

6. 根据需要制作 PPT,准备好相关道具。

(四)指导要点

1. 指导学生对实践活动过程中收集到的资料进行整理、选择和数据分析。

2. 为学生提供标准的课题报告范例和表格。

3. 在学生准备课题展示内容时,教师参与并予以帮助。

【第五阶段:成果展示阶段】

(一)阶段目标

1. 各组能够选择多种方式向全班同学进行成果的汇报展示,做到内容充分翔实、形式新颖、表达流畅。

2. 学生在观看其他小组展示时,要耐心倾听;展示结束后,主动提出疑问,评价公正,欣赏他人成果。

(二)活动时间

1 课时。

(三)活动过程

1. 总结导入。

本学期初我们设计了七夕节的实践活动,我们以五个小课题进行研究,各小组分别制订计划。同学们通过上网查阅资料,收集图文、故事、诗画、各地食物，制作相关创新作品等完成整个综合实践课程。在活动过程中，同学们团结互助，积极进行交流和分析。今天，就请各小组将这一段时间的活动成果向全班同学进行展示。

2. 节日由来介绍。

(1)节日由来。

由全组同学为大家表演七夕节的由来——“话”七夕节情景剧。

(2)表演后，组员简述为什么要设立节日，并分析、畅谈剧本编写的问题与收获。

通过实践活动，从古代流传故事展现节日的由来。整个活动可以体现学生们的信息搜集能力和信息处理能力。通过表演情景剧，开拓学生的思维，提高学生的胆量和语言表达能力。

3. 介绍七夕节的习俗活动。

(1)小组长叙述活动研究过程。

(2)组员出示 PPT：学生出示了中国不同朝代、不同地点七夕节的乞巧方式。

(3)组员介绍七夕节杂俗。

(4)与全体学生讨论：我们可以怎么过乞巧节？怎么能让别人感受到我的“巧”呢？（我们可以晒书、晒衣服；可以种生，既应了乞巧之意，又能为大家做事。）

(5)组员畅谈知识的收获。

学生通过对节日习俗的收集与整理，感受到了中华传统文化的丰富多彩，知道如何能够让我们的“巧”普惠别人，使社会关系更融洽。

4. 分享七夕节诗画。

(1)将一些包含清明节、重阳节等节日的诗句和绘画分发给组员,请组员们将有关七夕节的诗句和绘画展示出来。

(2)当组员出示正确诗句时,其他组员即全体吟诵以示正确,然后将小诗的出处简单进行介绍。

(3)小组长介绍组员的分工情况和活动过程。

(4)组员谈知识的收获。

(5)教师提问:诗句及绘画当中是否全部展示着七夕节的美好,结合背景谈谈不美好的原因,我们应该怎么改变它呢?

通过互动的方式让学生们了解乞巧的诗句;通过对诗句的分析,让学生们透过诗句去分析诗人,分析历史背景;通过古人的求而不得,思考现代的选择自由;通过古时的战乱,看到现代的安宁,推动学生形成正确的价值观。

5. 七夕节食物大挑战。

(1)小组长进行食物大挑战游戏介绍,邀请其他组同学进行七夕节食物选择,进行游戏预热。

(2)进行食物大挑战游戏。

(3)组员以列表的展示方式对七夕节各地方的食物进行讲解,并结合当地的饮食习惯分析其食物的由来。

(4)与同学交流:你们家乡的乞巧食物是怎么制作的?简单描述一下。

(5)组员分享收获。

通过游戏环节,增强学生参与实践活动的积极性,交流食物的制作,加深对乞巧食物的印象。同时,通过对地区与食物关系的分析,让同学们看到不同地区食物的发展与变迁。

6. 七夕节作品创意展示。

(1)组长介绍七夕节礼物。

(2)组员分别出示用线绳编的同心结、用布做的香囊、3D打印的梳子等,并简单描述制作过程。

(3)小组出示结合现代科技手段制作的星空灯等物品。

(4)组员们分享收获。

体现学生的动手能力,从技艺上进行传承和发展,鼓励传统文化和现代技术完美融合。

7. 教师总结。

通过本次综合实践活动,同学们各方面的能力都有了很大的提高。更重要的是,在实践过程中,同学们感悟到了中华传统文化的丰富多彩,深切理解了中国人民对节日最真挚的期望。同时,也需要同学们继承优秀的传统文化,为我们是中国人而骄傲。

(四)指导要点

1. 引导学生展示并认真聆听,同时协助小组解决展示的技术问题。

2. 在小组的展示过程中,进行实践活动评价及记录需改进的问题,在展示结束后进行引导。

八、活动延伸

学生走出课堂,走入社会,到其他班级或社区进行文化传承的分享与宣传活动,让更多人了解我国的优秀传统文化,共同参与到优秀传统文化的传承中来。从本次活动中总结技能经验,总结素材经验,总结不同展示经验,在此基础上深入思考讨论可以展开的新课题,或者在原有的基础上,就某个有意义的子课题进行深入研究,为确立文化认同打下基础。

中秋节主题实践活动方案

一、背景分析

小学阶段,应由启蒙教育入手,介绍中华民族重要历史人物、传统节日、节气与风俗、发明发现、特色技艺等,使学生初步了解中华优秀传统文化的源远流长、丰富多彩,培养学生的学习兴趣。

依据学生终身发展和社会发展需要,明确育人主线,加强正确价值观引导,重视必备品格和关键能力的培育;加强课程内容与学生经验、社会生活的联系,统筹设计综合课程和跨学科主题学习。

二、设计理念

基于中华传统节日——中秋节进行主题实践活动,引导学生通过参与活动了解中秋节起源、认识中秋节习俗、感知中秋节文化等内容,使学生对我国传统的中秋佳节有一个全面、深入的认识,以此形成对中华传统节日文化的自信心和自豪感,懂得尊重中华民族的优秀文明成果,树立对中华传统节日文化传承和发扬的责任意识。

三、活动目标

1. 通过中秋节主题实践活动学习,引导学生认识中秋节相关历史、文化、习俗等内容。

2. 通过主题实践活动体验,引导学生掌握搜集整理资料、动手制作传统节日美食等技能。

3. 通过丰富的活动体验,引导学生感知中秋节的文化价值和现实意义,提升学生的文化自信和民族自豪感。

四、活动要求

(一)活动关注

1. 班主任及相关教师,关注班级学生所在活动地点的纪律和参与情况。

2. 班主任及相关教师,有序组织学生进行相关活动准备,特别关注学生分组活动情况,注意每项活动后及时进行小结。

3. 班主任在学校活动前对学生进行安全、文明、守纪等方面的教育;在参加社会实践活动前对学生和家长进行安全教育。

(二)协调应急

学校各部门领导以及各级部主任,在整个活动过程中负责随时关注学生参与活动情况,发现问题及时与班主任和相关教师进行协调、解决。

五、前期准备

（一）整体部署准备

校长组织学校各部门领导成立专门活动指挥小组，统筹召开活动前期研讨会、工作布置会、活动方案详细解读会、班主任培训会。

（二）部门工作准备

1. 学校教务部门协同教研组长和学科教师负责活动环节的设计与内容准备。

2. 学校信息技术和宣传部门负责活动过程整体摄像和公众号文章的撰写和发布。

3. 学校德育部门负责组织开展传统节日主题升旗仪式及学生活动相关工作。

4. 学校后勤部门负责校园环境布置、定制活动横幅、购置活动相关物品。

六、活动形式

围绕中秋节习俗、文化和学生培养目标，共设计八大主题活动。

表 2-6　中秋节主题活动设计表

主题活动	活动形式	培养目标
中秋寄语传真情	制作节日祝福贺卡	懂得对长辈感恩、祝福
中秋传统习俗探寻	手抄报、思维导图	培养搜集整理资料能力
中秋主题校本课堂	主题课堂学习	学习传统节日知识
中秋字谜会	猜字谜	培养学习探究能力
中秋经典诗文朗诵会	朗诵会	培养节日文化情感及诵读能力
节日文化超市换购	礼品换购	动手制作、文化交流
中秋美食制作	手工制作月饼	动手制作传统节日美食
中秋传统才艺联欢会	传统才艺展示	提升传统才艺学习、欣赏能力

七、活动过程

活动时间:9 月中旬(建议分两天开展活动)。

(一)活动流程及安排

【第一天活动流程及安排】

1. 活动一“中秋寄语传真情”:上午班主任组织学生在班级进行活动,将贺卡送给教师和同学并送上节日祝福。

2. 活动二“中秋传统习俗探寻”:上午班主任组织学生在班级进行活动,结合课前搜集的资料,以手抄报和思维导图的形式分享中秋传统习俗。

3. 活动三“中秋主题校本课堂”:上午各年级教师依据中秋节校本教学资源进行教学活动。

4. 活动四“中秋字谜会”:上午学校组织学生在各楼层,分年级进行猜字谜活动。

5. 活动五“中秋经典诗文朗诵会”:下午学校组织各年级学生在体育馆开展活动。

【第二天活动流程及安排】

1. 活动六“节日文化超市换购”:上午学校组织学生在操场上进行活动,将制作的节日文化礼品进行换购。

2. 活动七“中秋美食制作”:上午学校组织学生在食堂进行活动,学习制作广式月饼。

3. 活动八“中秋传统才艺联欢会”:上午班主任在各班级教室组织学生进行联欢活动。

(二)活动具体过程及内容

【活动一主题:中秋寄语传真情】

活动时间及地点:第一天 08:30—08:50,班级教室。

活动形式:以年级或班级为单位,人人参与互送贺卡。

具体安排:

1. 活动组织:班主任负责组织、管理本班学生,与学生一起参与活动。

2. 活动准备:学习制作节日贺卡(贺卡制作+祝福语书写)。

贺卡制作:美术老师利用中秋节前一周的美术课,进行节日贺卡制作的教学活动,指导学生利用纸张等简易材料制作节日贺卡。

祝福语书写:班主任指导学生利用周末时间完善贺卡的内容,通过上网搜集等方式了解与中秋节有关的祝福语和诗词,按照送祝福的对象选取合适的祝福语或诗词并工整地写在贺卡上。

3. 活动内容：学生互送贺卡表祝福。

以班级为单位，在班主任的组织下学生首先在班级教室进行贺卡介绍，分享自己的贺卡制作心得以及美好的祝福内容。贺卡介绍分享后，学生之间互送贺卡，并向对方致以节日的问候和祝福。

4. 场地布置。

（1）班主任利用课余时间组织学生围绕中秋节主题内容对黑板进行装饰。

（2）教室电脑屏幕播放中秋节画面以及背景音乐烘托节日气氛。

【活动二主题：中秋传统习俗探寻】

活动时间及地点：第一天 09：00—09：40，班级教室和学校文化走廊。

活动形式：以班级为单位，学生制作手抄报和思维导图。

具体安排：

1. 活动组织：班主任组织学生进行有关中秋节内容的手抄报和思维导图制作。

2. 活动准备：通过课外学习，制作手抄报和思维导图。

资料搜集：班主任组织学生提前一周，利用周末时间通过网络搜集、长辈采访等形式，了解有关中秋节的起源、传说、习俗文化等方面的内容，并对搜集的内容进行整理归纳。

手抄报和思维导图制作：班主任指导学生利用周末时间，结合搜集的有关中秋节的内容进行手抄报和思维导图的制作。

3. 活动内容：学生参观学校文化走廊和班级展板展示优秀

作品。

以班级为单位,班主任组织学生在班级进行优秀学生作品的展示讲解活动,通过学生对优秀作品内容的分享,使学生了解更多有关中秋节的知识。班级活动结束后,班主任组织学生在学校文化走廊观看学校征集的学生优秀作品展。

4. 场地布置。

(1)班级展板布置:班主任利用下午课间组织学生进行优秀学生作品的班级展板布置工作。

(2)文化走廊展板布置:学校组织级部教师在各楼层的学校文化走廊进行校级学生优秀作品的展板布置。

【活动三主题:中秋主题校本课堂】

活动时间及地点:第一天 09:50—10:30,班级教室。

活动形式:以班级为单位,学生进行中秋主题校本课堂学习。

具体安排:

1. 活动组织:教师结合各年级节日文化校本资源,组织学生进行中秋主题校本课堂学习。

2. 活动准备:教师依据校本资源撰写教学设计,制作教学课件。

教学设计撰写:教师依据学校的节日文化校本教材,结合班级学生的学情和学习需求,进行有针对性的教学设计撰写。教学设计提前一周完成,并由各级部教研组长进行内容审核。

教学课件制作:围绕教学设计进行课件制作,注重运用图片、视频等多元化资源,善于联系学生生活实际进行课件内容的完善。

3. 活动内容:学生在班级进行中秋主题校本课堂学习。

以班级为单位，教师组织学生在班级进行中秋节主题校本课堂学习，通过学习引导学生了解中秋节的起源、传说、节俗文化等有关传统节日基本知识方面的内容。

【活动四主题：中秋字谜会】

活动时间及地点：第一天 10:50—11:30，各年级所在楼层走廊。

活动形式：以年级为单位，学生在年级所在楼层进行猜字谜游戏。

具体安排：

1. 活动组织：班主任组织班级学生在年级所在楼层进行猜字谜游戏，体育老师负责组织各楼层学生参与游戏的秩序。

2. 活动准备：学校进行游戏规则和奖励方法的制订，并组织级部教师进行字谜内容的设计及谜面纸张的外形设计。

游戏规则制订：学校提前制订“中秋字谜会”的游戏规则，并设计猜谜卡以及确定奖励的方法。

字谜内容设计：各年级结合学生的学情，围绕与中秋节有关的字词进行字谜的搜集和整理。

谜面纸张外形设计：美术老师对谜面的纸张进行样式的设计，定稿后上报美术学科主管并由学校统一进行打印。

3. 活动内容：班主任组织班级学生在年级所在楼层进行猜字谜游戏。

以年级为单位，班主任组织本班学生带好猜谜卡，在各年级所在楼层进行猜字谜的游戏。学生将猜出的谜底和对应的谜面序号写在猜题卡上，并交由每个楼层负责核对答案的教师进行审核，猜对的同学，由审核教师根据猜对的数量给予相应的小礼品奖励。

4. 场地布置。

学校组织教师利用学生放学后的时间，对各楼层进行字谜会场的布置。设置猜谜区域和兑奖区域，在兑奖区域准备好相应桌椅和指示牌。

【活动五主题：中秋经典诗文朗诵会】

活动时间及地点：第一天 13：40—16：00，学校体育馆。

活动形式：以班级为单位，学生集体进行中秋经典诗歌朗诵。

具体安排：

1. 活动组织：班主任负责组织、管理本班学生，与学生一起参与活动。

2. 活动准备：诗歌选取、朗诵练习、邀请评委。

诗歌选取：结合学情进行本班级朗诵诗歌的选取，诗歌题材内容要与中秋佳节有关，各班级之间在诗歌内容上尽量避免雷同。

朗诵练习：各班级确定诗歌内容后，语文老师利用阅读课和自习课时间对学生进行朗读训练。训练过程中关注学生的吐字清晰、整齐度以及朗读的情感投入。

邀请评委：学校邀请社会朗读协会的专业人员担任本次活动的评委，并提前设计好评分细则。

3. 活动内容：以班级为单位进行诗歌朗诵。

入场准备：以年级为单位进行组织，13：20 各班级在体育老师的引导下有序在体育馆相应区域集合落座。

开幕准备：活动开始，校长致活动开幕词，主持人介绍活动流程和比赛规则。

比赛环节：以年级和班级的顺序上场及备场，体育老师负责现场路线引导和秩序安全保障。

比赛结束：主持人宣布获奖班级，并进行现场表彰，由学校领导和评委给获奖班级代表颁奖并合影留念。

4. 场地布置。

(1)学校设置会场路线指示标志，摆好座椅。

(2)学校组织施工队进行舞台搭建和背景幕布的安装。

【活动六主题：节日文化超市换购】

活动时间及地点：第二天 08:10—08:50，学校操场。

活动形式：学生集体在操场进行节日文化礼品换购。

具体安排：

1. 活动组织：班主任负责组织、管理本班学生，与学生一起参与活动。

2. 活动准备：节日文化礼品制作，邀请家长志愿者。

学生礼品制作：美术老师提前组织学生在课堂上学习相关节日文化礼品的制作，学生利用身边资源在周末时间进行中秋节文化礼品的制作。

学校换购节日文化礼品准备：学校设计带有学校标志以及中秋节内容的节日文化礼品，提前安排厂家进行设计和制作。

邀请家长志愿者：学校邀请家长志愿者协助班级学生维持换购秩序和活动过程的摄影摄像。

3. 活动内容：学生在操场集合进行节日文化礼品换购活动。

入场准备：以年级为单位进行组织，各班级在体育老师的引导下有序在操场相应区域集合落座。

开始准备：活动开始，校长致活动开幕词，主持人介绍活动流程和换购规则。

换购环节：学生可以离开自己的班级区域，跨班级和年级自由交换礼品，还可以用兑换券、学习奖励券换购学校准备的节日文化礼品。体育老师和家长志愿者负责现场秩序及安全保障。

4. 场地布置。

教师和家长志愿者对现场进行布置，在操场相应的班级区域铺好餐垫供学生落座和摆放礼品。

【活动七主题：中秋美食制作】

活动时间及地点：第二天 09：00—09：40，学生食堂。

活动形式：学生以班级为单位分组学习制作月饼，教师引导学生在活动中相互帮助、合作与分享，以此来庆祝中秋佳节，感受中华民族传统节日的美食文化。

具体安排：

1. 活动组织：班主任和家长志愿者负责组织、管理本班学生，与学生一起参与活动。

2. 活动准备：擀面杖、案板、制作月饼的材料和模板。

学生准备：每个小组的学生准备一个案板和四根擀面杖。

学校准备：学校食堂准备好制作月饼的原材料和定型模板。

邀请家长：各班邀请家长参加中秋美食制作课程活动，各级部提前下发邀请函，活动当天家长持邀请函进校园。

3. 活动内容：师生学习制作月饼。

入场准备：以年级为单位进行组织，班主任带领学生有序在食堂相应区域集合落座。

开始准备：活动开始，学校领导致活动开幕词。

制作环节：食堂师傅讲解月饼的制作环节和注意事项，学生在食堂师傅、班主任以及家长的协助下共同完成月饼的制作。制作完成后由食堂统一烤制和包装,并在第二天午餐时送给班级学生进行美食分享。

4. 场地布置。

学校对食堂进行布置,提前准备好活动横幅标语。

【活动八主题:中秋传统才艺联欢会】

活动时间及地点:第二天 09:50—11:20,班级教室。

活动形式:各班级围绕中秋主题设计制订展示内容。例如:传统才艺展示、节日美食分享、节日习俗趣味游戏等。

具体安排:

1. 活动组织:班主任和家长志愿者负责组织、管理本班学生,与学生一起参与活动。

2. 活动准备:学生分组准备传统才艺展示节目以及与中秋节有关的美食分享和游戏环节,班主任对学生节目进行提前把关和指导。

3. 活动内容:中秋传统才艺联欢会。

开始准备:主持人致开幕词并介绍活动流程。

联欢环节:学生按照节目顺序进行才艺展示,教师和家长志愿者进行现场秩序维持和摄像工作。

总结环节:活动后,班主任组织班级学生对本次活动进行交流、分享和总结。安排学生打扫卫生,并做好假期安全教育,中午组织学生放学。

4. 场地布置。

(1)环境布置:营造浓厚的节日氛围,在黑板上书写活动主题,布置好桌椅,做好相关准备工作。

(2)学生准备小食品要求:不能带瓜子、花生等有皮的坚果,注意饮食安全、环境卫生。

八、活动延伸

交流总结:活动结束后,班主任组织学生在班级进行交流总结,通过撰写活动感受、分享活动成果等形式提升学生对中秋节的知识认知与情感体验。

社会实践:活动结束的当天下午,通过设计实践学习手册的形式,指导学生在家长的带领下,走进各类传统文化实践学习基地进行社会实践学习,拓展学生的学习视野,充分感受我国丰富多彩的优秀传统文化魅力。

重阳节主题实践活动方案

一、背景分析

(一)活动背景

中华传统节日文化是在长期的民族历史发展过程中逐渐形成的,它是民族文化传承的重要载体。这些节日不但凝结着中华儿女对美好生活的追求和向往,而且体现了中国人和谐为美的价值观念,更承载着中华民族的精神,是中华民族生生不息的不竭动力,更是中华民族的文化根脉。

我国将逐步进入老龄化阶段,关心孝敬老年人成为社会焦点问题。重阳节是我国重要的传统节日,它将传统与现代结合,使这一传统节日成为尊老、敬老、爱老、助老的有效载体。在时代发展中,将富有生命意蕴的节日文化世代传承,是当代少先队员的光荣使命。

(二)学生现状

我们对四至六年级学生开展了传统文化抽样调查,结果发现:只有一小部分学生知道文房四宝是什么。除了儿童节,孩子们最喜欢过的是圣诞节,其次是中秋节、端午节、春节,喜欢重阳节的学生寥寥无几。重阳节当日,在校园内随机采访近40名学生,发现竟有大约三成学生对重阳节一无所知,更别说了解它是拥有上千年文化传统的敬老节了。

为此,我们设计开展“扬重阳文化　品敬老浓情——重阳节主题实践活动”,让学生在活动中增强节日文化体验,激发他们对中华优秀传统文化的热爱,激励他们将节日文化世代传承。

二、设计理念

实践活动是从学生的真实生活和发展需要出发,从生活情境中发现问题,转化为活动主题,通过探究、服务、制作、体验等方式,培养学生综合素质的跨学科实践性课程。

小学中高年级是学生逐步熟悉和理解社会生活的重要时期,也是形成道德情感、道德认识,养成行为习惯的重要阶段。作为教育者,我们想依托学校这个平台,从学生真实生活中出现的问题和发展需要出发,基于中华传统节日——重阳节,举办“扬重阳文化　品敬老浓情——重阳节主题实践活动”。引导学生通过实践活动,了解重阳节的文化和习俗,使学生获得真实的情感体验,养成关心长辈、孝敬长辈的意识。通过合作、探究、制作、体验等方式不断积累活动经验,提升学生的综合能力,达到促进他们全面发展的目标。实现在传统文化中树人,在实践活动中育人的课程导向。

三、活动目标

1. 通过引导学生多种途径搜集整理与重阳节有关的知识，开阔学生视野，培养学生的信息搜集处理能力。

2. 通过引导学生制作传统节日美食和手工作品，培养学生的操作技能。

3. 通过引导学生设计重阳节主题活动方案，培养学生的合作意识、探究精神、实践能力等综合素养。

4. 通过丰富的活动体验，引导学生感知重阳节的文化内涵和现实意义，激发学生对传统文化的热爱和民族自豪感，弘扬中华民族敬老的传统美德。

四、活动要求

1. 九月份，针对“扬重阳文化　品敬老浓情——重阳节主题实践活动”方案召开两次专题会议，确定参与学科。

2. 突出自主性：活动中充分发挥学生的主体作用，学生自愿分组，自主设计活动方案。

3. 突出指导性：根据学生分组情况，确定每组的指导老师。明确教师职责，对学生活动过程阶段可能出现的困难、有何需求、怎样解决有明确的思考，确保为活动的深入开展提供适当的帮助与指导。

4. 安全保障：强调各组指导老师对学生进行安全教育，帮助学生掌握一定的自救自护方法，在进行实地调查、走访时提高安全自护的意识,确保自身安全。

5. 家长支持:活动过程中,需要家长严格控制学生使用电子产品的时间,保证用眼卫生;避免浏览不健康网页,为学生搜集查找资料提供有力保障。家长为学生提供操作活动中所需的材料,监督学生安全用电、用火,能在学生动手制作过程中给予适当帮助与指导。

五、前期准备

(一)学校准备

1. 为确保活动顺利开展,需要学校相关部门密切合作,确定活动场地、制订活动方案。

2. 对相关人员进行活动前的安全培训,进行活动部署,责任到人。

3. 负责外联工作,为学生社会实践提供保障。

4. 采购活动中所需的物资材料。

5. 确保在学生活动过程中有专人负责拍摄,为学生记录下精彩的活动瞬间。

(二)教师准备

1. 设计小组主题活动单,引导学生分组。

2. 对学生进行查找资料方法的指导,做好活动前的安全教育。

3. 教师自身要做足文化知识储备,熟练掌握手工制品的制作技艺。

4. 指导老师根据学生活动方案,进行活动场地的设计与布置;并对本组参与展示的人员进行专业用语和礼仪指导。

5. 根据活动内容对所需材料进行整理,估算成本,上报到学校相关部门。

(三)学生准备

1. 思考与重阳节相关的内容。

2. 对自己感兴趣的内容进行调查了解。

六、活动形式

(一)活动前

1. 班级学生通过前期准备,按照兴趣自愿分组,推选出每个小组的小组长。

2. 综合考虑小组成员的兴趣、能力等因素,讨论确定本组的研究主题。

(二)活动中

1. 在活动启动课上,小组内学生合理分工,根据自己研究的主题进行调查、走访,汲取重要信息。

2. 通过小组合作对组员查找到的资料进行针对性的分析、整理,与指导老师开会讨论活动的可行性,完成“重阳节主题活动设计单”。

3. 在方案指导课上，分组展示、介绍本组的活动设计；全班交流讨论，完善各自的“重阳节主题活动设计单”。

4. 与指导老师交流、讨论，修改活动的最终内容和呈现形式，定稿。

（三）活动后

1. 呈现成果收获，可以是作品照片、手抄报、活动反思与总结等形式。

2. 在指导老师的帮助下，完成一份小课题的实践研究报告。

七、活动过程

关于重阳节，你想了解哪些内容？如果你是这次活动的策划者，你会组织同学们开展围绕主题的哪些方面的研究活动？

活动前班级学生自愿分为四个小组，分别为“探秘重阳起源组”“重阳礼仪风俗研究组”“重阳饮食文化研究组”“重阳诗词文化传承组”。根据我们以往的活动经验，分组合作研究的形式能够让学生在互相学习中省时高效地完成研究内容。因此，本次实践活动仍由小组长主持小组的全部活动。

【第一阶段：活动启动，制订方案】

1. 明确任务。

为了让同学们了解重阳节的文化内涵，弘扬中华民族敬老的传统美德，激发对传统文化的热爱，请小组长带领组员展开讨论：

围绕本组的主题研究内容可以开展哪些活动?

(1)小组长需要明确本组研究主题,组织组员聚焦研究主题进行头脑风暴,交流讨论,将有意思的、可行的活动做简单记录。

(2)初步确定研究内容后,小组长根据组员的兴趣、特长及能力,公平合理地进行任务分配。

(3)组员通过走访调查、现场考察、上网查阅资料等方式,搜集活动所需的重要信息。

(4)集体交流共性知识,与指导老师讨论、解决设计困难。

2. 合作完成小组主题活动设计单。

表 2-7 重阳节主题活动设计单

研究主题			
活动目标			
小组名称		指导老师	
组　长		小组成员	
针对性活动	活动 1:	活动 2:	活动 3:
展示形式	活动 1:	活动 2:	活动 3:

【第二阶段:教师指导,完善方案】

经过第一阶段的活动,学生掌握了准确而丰富的节日信息,学会了多角度考虑问题,也初步完成了各组的方案设计单。在方案指导课上,分组展示、介绍本组的活动设计,通过全班交流、讨论,完善各小组的“重阳节主题活动设计单”。

1. 小组汇报展示。

各研究小组展示主题活动单,并做详细汇报,汇总如下。

表 2-8　重阳节主题活动设计汇总表

组别	活动内容
探秘重阳起源组	重阳起源知识普及
	重阳节的演变
	表演小品《老爸》
重阳礼仪风俗研究组	重阳风俗介绍
	登高比赛
	制作茱萸香囊
重阳饮食文化研究组	寻味重阳——美食文化讲解
	寻味重阳——美食制作
重阳诗词文化传承组	重阳赛诗会
	制作“不织布”贴画
	妙笔丹青绘重阳

2. 组间交流,修改方案。

小组之间互相提出改进意见,各组成员在教师的指导下修改活动方案,各位指导老师需要进一步对学生提出建议。

(1)为了帮助低年级的学生们了解重阳节的文化、习俗,各小组需要增加一些习俗文化的讲解活动。在信息科技老师的指导下完成演示文稿的制作,在语文老师的指导下练习重阳节知识的讲解。

(2)基于现在的设计方案,受场地条件限制的活动要进行适当调整,充分考虑可以在学校内顺利开展。

(3)在数学老师的指导下绘制一张活动路线图,方便低年级学生准确找到每个活动主题场馆;在班主任的帮助下合理分配组内人员点位,做好活动当日的路线引导工作。

(4)在数学老师的指导下设计一张活动时间安排表,并标注每个主题场馆的开放时间、讲解时间、操作指导时间、实践体验时间等,做到合理安排,避免有的场馆门庭若市,有的场馆冷冷清清。

(5)在美术老师的指导下设计一张场馆活动内容宣传海报,作为小组的标志。

(6)在劳动老师的指导下,熟练掌握"不织布"画、茱萸香囊的制作过程和重阳糕的制作方法,后勤保障部门要保证食品制作过程中的安全、卫生情况,杜绝浪费粮食。

各小组根据同学们的反馈和指导老师提出的建议,展开讨论,利用一周时间完善小组的活动设计单,指导老师严格把关,确定终稿。

3. 确定方案,划分活动区域。

教师根据学生设计的活动内容进行整合,依据现有场地将本次重阳节主题实践活动划分为"重阳知识普及区""众说重阳游戏区""重阳才艺展示区""巧手敬重阳操作区"四个活动区域。

【第三阶段:校内展示,实践方案】

1. 活动准备。

(1)教师将学生的重阳节文化知识演示文稿内容制作成宣

传展板,布置在“重阳知识普及区”。

(2)将学生绘制的场馆路线图和场馆活动开放时间安排表发到各位班主任手中,由班主任印发给学生。

(3)师生共同布置活动区域,将宣传海报张贴在区域醒目位置。

(4)后勤保障部门准备好移动多媒体、抢答器、活动小奖品、手工和美食所需的制作材料。

2. 活动时间:重阳节当天上午9点开始活动。

3. 开场仪式:校领导致辞、学生代表讲话、教师讲解活动要求、主持人开场白。

4. 热场活动:全体师生诗歌朗诵《九月九日忆山东兄弟》。

5. 活动形式:在活动前,班主任要在班级内确定四名讲解员,介绍本次活动流程和活动路线图,并且提前将学生分成四个小组,根据时间安排表,年级之间尽量错峰开展活动,避免活动区域拥挤,保障活动安全有序。

(一)重阳知识普及区

场地:学校主甬路。

场地布置:组织教师利用学生放学后的时间,提前进行会场的布置。设置抽题区域和兑奖区域,准备好相应桌椅和指示牌。

活动内容:讲解重阳节的起源、神话故事、历史发展、民间习俗、菊花酒、登高、美食文化及传统节日知识。

活动形式:以班级或小组为单位,人人参与重阳节知识有奖问答活动。由每个点位的讲解员为参观的学生们进行讲解,学生将讲解中的重点内容记录在活动单上。参与重阳节知识抢答活动，答对一题给小组记一分，根据最终成绩判定获胜小组，为每位小组成员颁发小奖品。

（二）众说重阳游戏区

场地：2、3号甬路。

场地布置：组织教师利用学生放学后的时间，提前进行赛诗会场的布置。设置抽题区域和兑奖区域，在抽题区域准备好移动多媒体，兑奖区域准备好相应桌椅和指示牌。

活动内容：重阳赛诗会和重阳敬老小知识有奖问答。

活动形式：学生以班级为单位有序进入场地，班主任负责维持会场纪律，确保活动有序开展。讲解员讲解重阳赛诗会和重阳敬老小知识的游戏要求后，学生有序抽题开始游戏，游戏结束后，领取小奖品。

（三）重阳才艺展示区

场地：6、7号甬路。

场地布置：学校活动前组织施工人员进行小品舞台搭建和背景幕布的安装，摆好椅子。美术老师负责布置书法表演区域及学生体验区域所需桌椅和用具。

活动内容：重阳节才艺展示。

活动形式：学生有序进入场地，观看小品和书法表演。有兴趣的同学可以到体验区拿起毛笔和表演的同学学习书写。班主任负责维持会场纪律，可以为参与活动的学生拍下精彩瞬间。

(四)巧手敬重阳操作区

场地:学校食堂及门前四年级教室。

场地布置:食堂提前将制作重阳糕的材料分放到每个桌子上。劳动老师组织学生将手工作品制作材料分放到班级中。

活动内容:重阳糕、“不织布”画和茱萸香囊的制作。

活动形式:学生以班级为单位分组学习重阳糕、“不织布”画和茱萸香囊的制作,引导学生在活动中合作与分享。制作完成后,将自己的作品送给长辈,让学生在活动中切实感受传统节日的文化内涵和实际意义。活动体验结束后,引导学生用文字记录下制作过程和感受,总结活动经验。

【第四阶段:总结经验,社会实践】

鼓励学生将活动开展过程中出现的问题和解决措施进行总结反思,并整理记录下来,在思考中回味重阳节文化,留下活动印记。教师鼓励学生走进社区,开展一次“扬重阳文化　品敬老浓情”社区实践活动,为社区的老年人带去重阳节的关心和祝福。

八、活动延伸

本次重阳节主题实践活动设计具有较强的延伸性。我们希望以此次活动为起点,以上述四个版块为基础,在不断完善中探索出通用性较强的主题活动模式。以除夕为例,第一版块探寻除夕的起源、传说、民间习俗等;第二版块搜寻除夕的诗词文化;第三版块为学生提供展示的平台;第四版块动手制作年夜饭和记录活动感受。最后鼓励学生总结校内的实践经验,能够走进社会,去宣传我们的传统文化。我们希望以学校为平台,和社会多方面共同努力,让更多的学生去了解我国传统节日的文化内涵,去感受中华优秀传统文化的历史韵味并将其传承和发扬。

腊八节主题实践活动方案

一、背景分析

传统文化教育在小学阶段以启蒙教育入手，通过介绍中华民族重要历史人物、传统节日、节气与风俗、发明创造、特色技艺等，使学生初步了解中华优秀传统文化的源远流长、丰富多彩，培养学习兴趣。

教学中，应深入开展“我们的节日”主题活动，实施中华传统节日振兴工程，丰富春节、元宵节、清明节、端午节、七夕节、中秋节、重阳节等传统节日文化内涵，形成新的节日习俗。加强对传统历法、节气、生肖、饮食、医药等的研究阐释和活态利用，使其有益的文化价值深度融入百姓生活。

聚焦核心素养，面向未来，依据学生终身发展和社会发展需要，明确育人主线，加强正确价值观引导，重视必备品格和关键能力培育；加强课程内容与学生经验、社会生活的联系，强化学科内容知识整合，统筹设计综合课程和跨学科主题学习。

二、设计理念

基于中华传统节日——腊八节,进行主题实践活动,引导学生通过参与活动了解腊八节悠久历史,认识腊八节传统习俗,感知腊八节文化等内容,使学生对中华传统的腊八节有一个全面、深入的认识,感受腊八节的魅力。以此引导学生形成对中华传统节日文化的自信心和自豪感,懂得尊重中华民族的优秀文明成果,树立对中国传统节日文化传承和发扬的责任意识。

三、活动目标

1. 通过腊八节主题实践活动,引导学生认识腊八节相关历史、文化、习俗等内容。

2. 通过查阅、搜集资料和调查走访,引导学生了解腊八节的起源、习俗,增强对腊八节食俗文化的了解。

3. 通过多样的实践活动体验,引导学生分享实践活动的乐趣,增强自信心,提高学习兴趣。

4. 通过腊八节实践活动,引导学生感受腊八节文化源远流长,增进学生对传统文化的探究。

四、活动要求

(一)活动关注

1. 班主任及相关教师在活动过程中时刻关注学生活动的纪

律、内容及参与情况。

2. 班主任及相关教师组织学生进行相关活动准备，安排学生有序参与活动，提前做好分组分工。特别关注学生活动情况，每项活动后注意及时进行点评，提出改进建议。

3. 班主任在校内活动前对学生进行安全、文明、守纪等方面的教育；在参加社会实践活动前对学生和家长进行安全教育。

（二）协调应急

学校领导及各级部门主管领导，在整个活动过程中负责随时关注学生参与活动情况，发现问题及时与班主任和相关教师进行协调、解决。

五、前期准备

（一）整体部署准备

校长组织学校各部门领导安排成立活动指挥小组，统筹召开活动前期研讨会、工作布置会、活动方案详细解读会、班主任培训会，做好多方面准备。

（二）部门工作准备

1. 学校教务部门协同教研组长和学科教师负责活动环节的设计与内容准备。

2. 学校信息技术和宣传部门负责活动过程整体拍照、摄像和公众号文章的撰写和发布。

3. 学校德育部门负责组织开展传统节日主题升旗仪式及学生活动相关工作。

4. 学校后勤部门负责校园环境布置、定制活动横幅、购置活动相关物品。

六、活动形式

围绕腊八节习俗、文化和学生培养目标,共设计五大主题活动。

表 2-9　腊八节主题活动设计表

主题活动	活动形式	培养目标
腊八习俗我知道	手抄报	学习传统节日知识
绘制腊八习俗卡	制作习俗卡	培养搜集整理资料能力
制作腊八蒜	主题课堂学习	动手制作特色食物
腊八习俗分享会	讲故事、情景剧等展示	提升传统习俗文化
辨识谷物学煮粥	手工煮制腊八粥	动手制作传统节日美食

七、活动过程

活动时间:12 月中旬(建议分一天半开展活动)。

(一)活动流程及安排

【第一天活动流程及安排】

1. 活动一“腊八习俗我知道”:上午班主任组织学生在班级

进行活动,结合课前搜集的资料,以手抄报的形式分享腊八传统习俗。

2. 活动二“绘制腊八习俗卡”:上午班主任组织学生在班级进行活动,将制作的习俗卡粘贴到展板墙上进行展示。

3. 活动三“制作腊八蒜”:上午班主任组织学生在班级进行活动,学习制作腊八蒜。

4. 活动四“腊八习俗分享会”:下午学校组织各年级学生在多功能厅开展活动。

【第二天活动流程及安排】

活动五“辨识谷物学煮粥”:上午学校组织学生在食堂进行活动,分组辨识五谷煮制腊八粥。

(二)活动具体过程及内容

【活动一主题:腊八习俗我知道】

活动时间及地点:第一天 08:30—09:10,班级教室。

活动形式:以班级(或年级)为单位,制作手抄报。

具体安排:

1. 活动组织:班主任组织班级学生进行有关腊八节内容的手抄报绘制。

2. 活动准备:通过课外学习,绘制手抄报。

资料搜集:班主任组织班级学生提前两周,利用周末时间,通过网络搜集、查阅书籍、向长辈或社区老人调查等形式,了解有关腊八节的起源、传说、习俗等内容,并整理归纳获取的内容。

手抄报绘制:班主任指导学生利用周末时间,结合网络搜集、查阅的有关腊八节的内容进行手抄报绘制。

3. 活动内容：学生分组介绍腊八节的习俗。

以班级为单位，班主任组织学生在班级内进行学生手抄报的展示讲解活动，分享自己获取腊八节习俗的内容。通过学生对手抄报内容的分享，使学生了解更多有关腊八节的习俗。班级活动结束后，班主任组织学生将作品粘贴到班级黑板，评选出优秀作品粘贴在班级楼道展板。

4. 场地布置。

（1）班级黑板布置：班主任利用课间时间，组织学生分组分工完成班级腊八节主题黑板报的布置。

（2）班级楼道展板布置：学校组织正副班主任合作完成班级楼道展板的布置，展示学生优秀手抄报，学校再进行校级学生优秀手抄报的评选。

【活动二主题：绘制腊八习俗卡】

活动时间及地点：第一天 09：30—10：10，班级教室。

活动形式：以班级为单位，绘制腊八习俗卡。

具体安排：

1. 制作腊八习俗卡：美术老师利用腊八节活动前一周的美术课，进行腊八习俗卡制作的教学活动，指导学生利用硬卡纸张等简易材料制作习俗卡。

2. 习俗卡内容书写：班主任指导学生利用周末时间完善习俗卡内容的选取，通过网络搜集、查阅书籍等方式了解与腊八节有关的习俗、诗词和故事，按照腊八节习俗知识介绍把习俗、诗词和故事合理布局，并工整地写在习俗卡上。

3. 活动内容：学生绘制腊八习俗卡。

以班级为单位，班主任组织学生首先在班级教室进行有关腊八节习俗、诗词和故事的介绍，然后动手制作习俗卡，并分享自己的感悟。分享后，将学生评选出的优秀习俗卡粘贴在班级展板上进行展示。

4. 场地布置。

(1)班主任利用活动前的课余时间，组织学生围绕腊八节主题内容对班级展板进行装饰，包括设计主题、整体布局及装饰物摆放等。

(2)利用班级电脑设计腊八节主题画面，有利于在学生展示习俗卡时留影，增强活动效果。

【活动三主题：制作腊八蒜】

活动时间及地点：第一天 10:30—11:10，班级教室。

活动形式：学生以班级为单位分组制作腊八蒜，教师在活动中引导学生相互帮助、互相配合、有序合作，感受中华民族传统节日的特色饮食文化。

具体安排：

1. 活动组织：班主任和家长志愿者负责组织、管理本班学生，与学生一起参与活动。

2. 活动准备：米醋、大蒜、玻璃瓶。

学生准备：每个小组的学生准备湿纸巾、一份大蒜、一壶米醋和每人 1 个小玻璃瓶。

学校准备：班级按小组准备好桌椅和垃圾袋(或垃圾桶)。

邀请家长：班级邀请家长志愿者参加腊八蒜制作活动，学校提前下发邀请函，活动当天家长持邀请函进班级参加活动。

3. 活动内容：师生学习制作腊八蒜。

物品准备：以小组为单位，班主任和家长志愿者组织班级学生有序摆好座位，摆放好所需的大蒜、米醋和玻璃瓶等。

开始准备：活动开始，班主任讲述在腊八蒜制作过程中的注意事项。

制作环节：家长志愿者通过选蒜（紫皮蒜）、剥蒜、挑选（蒜瓣大小均匀，无破损）讲解腊八蒜制作的环节及注意事项，学生在家长志愿者、班主任的指导下共同完成腊八蒜的制作。制作完成后由家长志愿者进行封盖，并摆放到安全区域。

4. 场地布置：提前在班级黑板（或电脑）上布置好活动的主题。

【活动四主题：腊八习俗分享会】

活动时间及地点：第一天 13：40—15：30，学校多功能厅。

活动形式：各班级围绕腊八节主题设计展示内容，如腊八故事、情景剧、腊八美食分享、节日习俗趣味游戏等。

具体安排：

1. 活动组织：班主任和家长志愿者负责组织、管理本班学生，与学生一起参与活动。

2. 活动准备：学生分组准备腊八故事、情景剧展示节目、腊八美食分享和游戏，活动前班主任对学生节目进行指导。

3. 活动内容：腊八习俗分享会。

开始准备：主持人致开幕词，介绍分享会流程。

分享会环节：学生按照流程顺序进行节目展示，教师和家长志愿者进行现场秩序的维持和拍照、摄像工作。

分享会总结：活动后，班主任组织班级学生对本次活动进行交流、分享和总结。

4. 场地布置：在黑板上布置活动主题，准备所需物品。

【活动五主题:辨识谷物学煮粥】

活动时间及地点:第二天 8:30—11:30,班级教室。

活动形式:学生以班级为单位分组进行辨识谷物学煮粥,教师引导学生辨识腊八粥所需的谷物,在活动中分工合作、相互配合。在家长志愿者和班主任的指导下学习煮制腊八粥,感受腊八节的特色饮食文化。

具体安排:

1. 活动组织:班主任和家长志愿者负责组织、管理本班学生,与学生一起参与活动。

2. 活动准备:锅具、电磁炉、制作腊八粥所需的原材料等。

学生准备:每个小组的学生准备碗筷、湿纸巾、腊八粥原材料等。

学校准备:班级按小组准备接线板、桌椅和垃圾袋(或垃圾桶)。

邀请家长:班级邀请家长志愿者参与腊八粥制作活动,学校提前下发邀请函,活动当天家长带锅具、电磁炉等持邀请函进班级参加活动。

3. 活动内容:辨识谷物学煮粥。

物品准备:以小组为单位,班主任和家长志愿者组织班级学生有序摆好座位,摆放好所需的锅具、电磁炉和腊八粥原材料等。

开始准备:活动开始,家长志愿者讲述腊八粥的熬制过程、注意事项和活动安全。

辨识谷物环节:家长志愿者组织学生打开原材料袋,拿出不同的谷物进行观察,引导学生认识、区分谷物。讲解不同谷物的特征、营养和作用,以及不同地域制作腊八粥的原材料和味道也各不相同,但透出的都是浓浓的年的味道。

制作环节:家长志愿者讲解煮制腊八蒜的流程,首先要煮制不易熟的豆类,然后根据煮制的时间顺序依次放入不同的食材。学生在家长志愿者和班主任的指导下完成腊八粥的煮制。煮制完成后由家长志愿者进行腊八粥的分发,大家共同品尝腊八粥。

4. 场地布置:提前在班级黑板(或电脑)上布置好活动的主题。

八、活动延伸

交流总结:经过这次腊八节课程活动,学生了解了腊八节的由来、习俗等,班主任组织学生交流活动感悟,进一步分享腊八节的习俗知识。

社会实践:活动结束后,引导学生在家长的带领下,走进各类传统文化实践学习基地,参加社会实践学习,拓展学生的学习视野,感受我国丰富多彩的优秀传统节日文化的魅力。

后　记

本书是北京教育学院学术委员金钊博士主持的北京教育学院重点关注课题“小学传统节日文化课程的整体建构研究”(课题编号 ZDGZ2018-05)的实践研究成果。

课题负责人金钊博士担任主编,课题组核心成员、昌平区教师进修学校正高级教师宋金红担任副主编。参与编写的主要是课题组核心成员,部分市级“协同创新学校计划”项目成员,以及北京市海淀区中关村第三小学、北京市朝阳区白家庄小学、北京市第十八中学时光学校等在传统节日文化教育方面可圈可点的学校骨干。全书由宋金红协助主编初步审稿,金钊博士修改定稿。

以传统节日文化为切入点深度研究传统文化教育的成果尚不多见,本书在原有课程建构的基础上侧重于传统节日文化的教学实施及实践活动的开展,具有一定的前瞻性。

期待广大中小学德育工作者和一线教师的批评指正。

编　者

2024 年 3 月

知然岛

ZR ISLAND

导读手册

Q&A：与作者对谈的11个问题

01.

陈：通过这部科幻小说，您想展现和探索的主题有哪些？在创作这部科幻小说的过程中，您是如何构思设定的？

柳：很多长篇小说的主题并非预设，而是在写作中不停探索成形的。

最初，我是想写一篇关于"人类文字消亡"的小说，但总是写不顺手，后来发现这是因为科技的突破不能毫无来由，必须给一个合理的解释，于是我在开头加入气候灾难（一个技术突变的"催化剂"），故事情节随后就自然展开，呈现出复杂的结构，不仅依然保留了最初的主题"人类文字消亡"，也映射出当下全球社会面临的困境，譬如，蜂巢的设定就是针对人口锐减的社会问题，三千隔都的设定就是预想气候灾难的未来，最初文字消亡的设定也更加深刻了，不仅反映出图片、视频泛滥的互联网社会困境，并且直接否定了人类发明文字的初衷（瓦罕先生在"焚书"一章里的评论）。

2019年夏，整本书差不多写完（当时有40万字），我才发现其实这是一本探讨哲学问题的书,只是借了科幻的外壳来说明,人类在整个宇宙中究竟处于什么样的地位。我相信,“人类世”应该是这样一个阶段:信息(或者说数字)在复杂系统中处于最新的一波浪潮,并且即将达到其顶点,而人类终将告别沉重的肉身,进入不属于人类的世界。这个新世界的主角并非人类,或者说传统意义上的人类,而是我们目前无法知晓、无法理解的物种——无论你称呼其为机器,或者改造后的人机物种,或者其他。

02.

陈:能否谈谈您作品的结构?您的作品是否有任何隐喻或象征,代表着您想要传达的特定信息或观点?

柳:所有的科幻小说,本质上都在撰写未来编年史,我的这部小说自然也不例外。我将它的背景设定在二十一世纪下半叶,那时候极端气候已经大规模爆发,地球上绝大多数地方毁于一旦,幸存者被迫移居到三千多个宜居之地(小说里称为“隔都”),而数十年的救援、后勤、食物供应等过程,激发了AI的迅猛发展,机器由此自我嬗变,创造出一种名为“玻璃球”的虚拟世界,或者说人机交互界面——在那上面,人们可以在机器上工作、游戏、社交,而机器能够隐蔽而妥善地安排人类迁徙移居等一切琐碎工作。

故事的核心情节,则是从一个名叫“瓦罕先生”的程序员开始的。他在玻璃球里发布了一款名为“精灵”的AI聊天软件，而“精灵”不仅迅速风靡全球，并且渗透到商业世界，挤垮了几乎所有的公司与行业，造成了前所未有的失业浪潮。对于这股席卷而来的AI潮水，一部分人无所适从，并且激烈抗拒，包括主角父亲、面试官、调酒师、园艺师等。他们都是遗老遗少，坚信AI只是一种高级算法工具，不可能有自我意识。他们憎恶被AI全面控制的生活，认为人类会因此丧失全部的意义。他们都以不同的方式努力重建个人生活的秩序，用来抵抗AI的侵袭。

而另一群人，主要是年轻的蜂巢人（蜂巢是一种AI育婴抚养院，为解决人类社会生育率走低的难题而设立），他们积极拥抱AI社会，并将罪魁祸首确定为五千多年来的文字。蜂巢人认为，文字这种错误的发明桎梏了人类的思维，使人类文明误入歧途，而文字记载的过去，也就是人类历史，已经成为人类前进的包袱。所以，他们开始毁灭人类的文字，并积极参与最终解决方案——“冰棺材”（可以看作某种“活死人墓”）。

在这条相互斗争的线索之下，隐藏着主角“我”、她、主角父亲和黑衣女人之间复杂的血缘关系，悬挂着西斯廷教堂、米开朗琪罗、甲骨文、圣经箴言、达芬奇笔记等历史文化的碎片。在这些碎片的微光里，“我们”不断发现彼此、不断询问自己，在AI全面控制的世界里，人究竟应当如何定义自己、定义生活，又如何自处以获得拯救。

03.

陈：小说写作过程中，您遇到的最大困难是什么？

柳：写作于我只是业余爱好，更像秘而不宣的私人生活，而不是旨在发表的刻意工作。这种一贯的作风，使得我在写这部姑且称之为小说的东西时，写写停停，越写越长，越写越复杂，很多年来几乎没有个尽头。

所以，特别要感谢去年（2023年）生成式AI的爆发，那种每天都有新事物的疯狂气氛刺激了我的散漫性格。去年4月以后，我投入了一场分秒必争的修改中，要将2019年就完成的40万字稿件删节到30万字左右的篇幅。自然，在如此漫长的篇幅里，要统合前后内容，使得首尾呼应、文气顺畅，就不可避免地要损害故事情节。这真是一段痛苦的自残过程。我还记得完工的那一瞬间，有一种如释重负的感觉，深刻体会到那句名言——“完成一部小说只是为了尽快摆脱它”。

04.

陈：您的创作受到了哪些现实和科技的启发与影响？您认为科幻小说对当今社会有何重要性？可以帮助人们思考哪些重要问题？

柳：很多看似巨大的现实问题，有点像全球股市里的下跌波段，你身处其中会觉得毫无希望，其实从历史的角度看，它很快就会调整回来。科技发展也一样，虽然过程一波三折，但终究峰回路转。只不过，白驹过隙，人生短暂。茨威格等不到二战结束，本雅明在逃亡的关卡前自杀，而特斯拉又怎能料到，百年后竟会有一款电车向他致敬。很少有人能看到自己身后的历史风景。

所以，关注科技的日新月异，无论是阿尔法狗还是OpenAI，当然很重要，但是，如果不能理解“技术”在万物演化中的核心作用，就不能从更深刻的角度理解进化的本质。现在，我接受这样的世界观：宇宙大爆炸以后，万物都是由信息编码所构成的，各种信息编码在不断重组震荡中趋向复杂，形成了进化的趋势。而“人类世”只是这种演化中最后一个微小的，当然也是含金量最高的阶段。

至于科幻小说对社会的重要性，应该和超现实艺术一样，就像宇宙间的一面镜子，能帮助人类避免自恋情结，认清我们人类不过是宇宙发展的一个自然过程，就像其他事物一样，有出现，就有消亡。

05.

陈：您作品中的角色如何反映出您对未来社会和人性的看法？

柳：自从去年ChatGPT横空出世以来，最近Sora又惊艳全球，世界日趋五彩炫目，而个体灵魂却在迅速消逝。这究竟是人类自我消亡的宿命，还是人类正站在某种重大机遇的门坎前，目前无人知晓。我只能安排这样的小说结尾：让AI飞船携带人类的数字意识散播到宇宙空间，同时在地球的知然岛上保留人类肉体意识的最后火种。我希望荒凉的繁衍和幽微的生命烛火并列在一起，能表达出一种对在浩瀚宇宙中人类灵魂不灭的期盼，或者说，我想暗示的是，人类苛求因果线性而建立的理性世界，在“并行运算”的AI宇宙中，最终只是汪洋里的一座小岛。

说实话，我对人类的未来持悲观主义，但是对“没有人类”的未来持乐观态度。具体来说，文字可能会消亡，人类可能会退化，AI可能会取代人类，但不是以我们预想的“以威胁或取代人类”的方式，而是以无视人类的方式自行发展，它的造物主恰恰是我们人类自己，是我们所定下的规则启动了它的进化程序。也就是说，一种不由人类主导的未来反而可能会继续向前发展——这是不是听上去有点无奈悲伤，或者自嘲？

06.

陈：您有什么特别的创作习惯或者灵感来源？

柳：人只有生活在枯燥无聊之中，想象力才会振飞翅膀。记得以前读到过一篇小说，是关于囚徒的故事——囚徒在悲惨的长期监禁中，不得不从每日沉闷枯燥的监牢生活里挖掘出闪光的诗意。我的日常生活就像枯燥的果壳，将我囚禁，令人乏味，所以我必须振飞想象力的翅膀，在文字的世界里寻觅自由空间。我在写作中，常常会有意识地保护这种飞翔的节奏，譬如我下载过抖音App，用了几次又主动卸载，因为短视频是一片光怪陆离的汪洋大海，虽能带来瞬间快感，但就像快餐式的食物一样缺乏营养。我自知时间宝贵，要尽可能都投入阅读和写作中 。

07.

陈：有没有一些经典的科幻小说作家或作品对您的写作产生了影响？请分享一些您的阅读书单。

柳：我其实是一个文学爱好者，尤其热爱欧美文学，平时阅读的都是福克纳、纳博科夫、奈保尔、马尔克斯、博尔赫斯、卡夫卡、卡尔维诺、托卡尔丘克、门罗、科塔萨尔，等等。这份名单可以无穷无尽，后来浸淫已久，发现有些经典作品是经得起反复阅读的，譬如纳博科夫的《洛丽塔》或者里尔克的《布里格手记》这种，你读多了，舌根会有一股回甘的味道，而不仅仅是灵魂上的愉悦。

另一块深度阅读的是科普与哲学作品。麦克卢汉的《理解媒介》、罗韦利的《现实并不似你所见》、梅拉妮的《复杂》、阿瑟的《技术的本质》、KK的《科技要什么》，以及本雅明、韩炳哲、丹尼特、平克等人的著作，他们都让我重新思考人类在这个世界中的位置。

至于科幻作品，我读得相对少一些，记忆中除了刘慈欣、特德·姜、韩松的几部作品，似乎没有什么太多印象。

08.

陈：科幻小说往往可以预测或探索未来的趋势。您认为您的作品中是否包含一些可能会在未来成为现实的元素？

柳：科幻小说其实是未来的寓言，有强烈的警示作用。譬如，人类的生存境况将在气候灾难之后发生逆转，《灾异手记》《最后的冰川》等一系列关于地球变暖的科普著作都在发出预警；又譬如，AI正在崛起，通用AI近在眼前，人类将面临全新的世界；再譬如，全球人口下降，发达国家尤甚，今后的解决之道在哪里。这部小说对以上几个重大危机都做了预测，但科幻小说只负责预警，很难提供切实的解决方案，如果能命中一个，那真可以开香槟了。

09.

陈：您有什么建议或鼓励给那些有兴趣写科幻小说的创作者？

柳：多写多读吧。如果说科幻小说是金字塔顶的一座丰碑，那么科普书是敲门砖，保证你登堂入室，科技哲学是阶梯，保证你一步步登顶，文学修养是栏杆，避免你摔入深渊，这三样法宝是大航海时代的六分仪，基本可以保证你的方向大致不错，至于能否抵达终点，那就要看各人造化。

此外，科幻小说在本质上是人类未来的寓言，也是对这个世界本源的探究，我觉得科幻作者应当来自这三个领域的交叉重叠部分，所以我既痴迷于福楼拜、福克纳的著作，也痴迷于霍金、费曼、KK等人的科普著作，同样我还痴迷于叔本华、本雅明、韩炳哲的哲学著作。脚踏三头船的状态，才能有助于理解当下这个转折时代。

10.

陈：您在创作这部小说的时候，和 AI 进行了某些合作吗？您认为人类作家是否应该和 AI 共同创作？如果答案是肯定的，您设想中的合作共创是怎样的图景？

柳：没有，我不使用AI。对于人类作家在未来战胜AI作家，我持悲观态度。是否应该合作，要取决于人类如何对待自己的尊严，其中的关键是，究竟是要求自己保持人的尊严，还是放任自己像一只宠物一样被AI控制。“作为一个人，最大尊严就是劳作至死。”我很欣赏这句名言。

11.

陈：您对人类与 AI 共存的未来是乐观的，还是悲观的？为什么？

柳：我是悲观的，人类与AI无法共存，或者说共存只是一种短暂现象，尤其在阅读了一些普及性著作以后，我愈发理解“人类世”必将消亡的宿命。我们其实无须争论说人类智能具有独到的优势，在很多方面强于AI。事实上，很多在速度、耐力、视觉上要超过人类的动物，最后也不得不灭绝在我们人类手里。

我一直在咀嚼马斯克那句被广为嘲讽的名言，他说，人类很可能只是一种过渡式的物种，一种引导程序，最终会被新的物种取代，无论是硅基生物，还是人机结合的物种。我想，嘲讽这句话的人可能没有觉察到，无论如何，马斯克道出了宇宙的一个不变真相，“万物竞灭是最基本的自然规律”。

是的，只要有出现，就必然会有死亡。

23位嘉宾重磅推荐

(按姓氏拼音字母排序)

在人工智能大军压境之际，人类的小说家拿出他的卡珊德拉预言：《知然岛》。这是一部大处气势非凡、细部缜密稳固的优质文学作品。文本叙述一如士兵庄严的步行。没有人监督，全凭内心对纪律和随之而来的仪式有一种尊重和热爱。这是一位文学隐者在八年孤独状态下写的三十万字。在此向他致敬。

——阿乙

作家，代表作《下面，我该干些什么》《未婚妻》

《知然岛》不仅是一部科幻小说，更是作者柳仓对人类与科技之间关系的文学隐喻。在这部近未来的科幻巨作中，AI不仅是技术的化身，更是人类命运的舵手。如同赫胥黎对科技乌托邦的预言，本书以独特的文学视角，探索了科技与人性、自由与控制的边界，引人深思，不容错过！

——贝小戎

《三联生活周刊》资深主笔

他对人类未来的警示有清晰的架构。优美的文字，充满灵动的想象力。重要的是他始终怀有一颗人所有的悲悯之心。就像一份历尽苦难后扔给AI时代的挑战书：来吧，我们准备好了！

——**陈保平**

资深媒体人

这是一部值得读者静下心来阅读、感受、思考的科幻佳作。柳仓以匠人般一丝不苟的姿态与精巧的文字技法，雕琢出了一个令人眼花缭乱的近未来世界。于中，他提出了一个潜在的紧迫问题——当AI在气候绝境的“助力”下发展成为人类赖以生存、无所不在的存在时，我们会面临怎样的考验？而他给出的答案既出乎意料，又寓意深长，直指人之为人的核心。无论你是否同意他的观点，你都会不禁受其激励，并在这呼啸而来的AI时代中寻得一份自若。

——**陈楸帆**

科幻作家

毫无疑问，人类文明已经走入了智能时代。书中以跨越虚实与时空的一对父子的情感与命运为轴，描述了智能时代人类前途的一种可能，理性、温情而残酷。

就像人类走出非洲，开启农业革命、工业革命，每一次文明的巨大进步都必然伴随着大量个体的死亡、文化的毁灭和制度的涅槃。亲爱的读者，如果你对书中描述的未来不甚满意，那最好的办法就是躬身入局，“最好预测未来的方式就是亲手创造它”。愿你在这个不确定的未来有爱（AI）相随。

——**陈忻**

苏州实验室人工智能与材料研究员、

国务院特别津贴专家

这是一部可读性很强、值得出版的作品。它具有科幻小说该有的大开脑洞的特点，但更重要的是，具有从人性和哲学角度直戳人心、发人深省的能力。

——**高西庆**

退休法学教授

不是所有人都热爱人类。有人或明或暗地认为人类是地球表面的污点。他们会说："大自然是如此美妙；在没有人烟的乡村，一切都会变得更好。"他们的意思是，人类和文明假使不存在，可能会更好。但柳仓不属于这一派。他认为我们有责任维护意识之光，确保它延续到未来。

人类意识似乎就像一束烛火，在浩瀚无边的虚空中微弱地闪烁着。很有可能，智慧并不是自然选择的首选模块之一。读罢《知然岛》，我觉得人类认识自己只有两个选项：要么，即便我们自诩为大自然的顶峰，是进化的必然终点，但像我们这样的生物可能太罕见了，永远不会遇到彼此；要么，我们可能是宇宙中的终极异类，是绵延无尽的太空中的孤独生命。

——**胡泳**

北京大学新闻与传播学院教授

绘画有写意和工笔，小说也有。翻开书页，《知然岛》仿佛一幅庞大的关于未来的工笔画卷，在我面前徐徐展开。人工智能、生育危机、自然灾害、虚拟现实……在关于人类未来的种种逼真想象中，蕴藏着深刻的思考！

——**江波**

科幻作家、《未来史记》作者

我从小喜欢阅读科幻作品，我相信人们借助科学而为未来著作编年史的想法，最能彰显人类智慧的傲人之处。《知然岛》

这部科幻小说不仅满足了我的这部分阅读愿望，更重要的是它的文字风格，那是一种能从中听到声音、看到画面的简洁而细腻的文风。它把科幻的未来像真实的现实一样展示出来，让我们无法分辨，哪是科幻，哪是现实。

——李井奎

浙江工商大学经济学教授、

浙江大学人文高等研究院驻访学者

这是一部你读了就会被迷住，但不一定理解的小说。我很喜欢作者的写作角度，用诗意讲述科技。在我看来，这不仅是人类和AI的故事，更是人类生命与自然造物之间的关系。身处宇宙深邃的混乱体系中，作者是不安的，读者是有福的。

——李蕾

作家、讲书人

《知然岛》用小说的形式探讨了很多今天我们关心的话题：AI是否可能最终萌生自己的意识，并且视自身为一种更高级的进化物种；如果把决策权完全交给算法，结果会是怎样；人类在完全不用担心生存问题之后的生活状态会是什么，是陷入精神的空虚，还是会去追求一些更有意义的创造；当技术能够做到完全可以依靠视觉来传递信息时，文字还有什么意义……读这本小说，像是在进行一场关于技术和人类未来的思想实验，也像是在聆听一场人类究竟应该怎样看待科技和生命的辩论。

——李翔

记者、作家，《详谈》丛书作者

我经常回想，200年后的人，如何看我们今天的科技。柳仓写到“那时候，人们使用一种由键盘、屏幕和主机构成的计算机系统。后来这种机器不断更新，体积越变越小，有阵子只有巴掌大小，人们称它为手机”。《知然岛》描述了一个手机早已被取代的时代，今天大家有关AI畅想的一切，早已成为日常……

那个世界好像我们今天的延长线，或者我们的今天，是那个世界的延长线。一端的因，成为另一端的果。

——**梁宁**

著名产品人、《增长思维30讲》《产品思维30讲》主理人

感谢柳仓先生为我们这些科幻小说迷带来了一部构思精妙、想象大胆的末世科幻大作。环境危机、AI智能、改造新人，这些正在发生的未来，究竟会把我们带往何方，是“世界迁移”是“隔都”吗？人类社会将会如何裂变？个体又将如何抉择？看罢此书，我们无可避免地会思考柳仓先生的天问。

——**申音**

资深媒体人，创业黑马、罗辑思维共同创始人，
前中欧商业评论出品人

AI是功利主义的、工具主义的，迄今为止，我们都难以想象AI知道什么叫意义。而人类，特别需要依靠意义而生存，因为人是目的本身。柳仓用他恢宏而细腻的笔法，为我们展开了一幅AI统治下人类不懈追求意义的画卷。在生成式AI大爆发甚至到了已经通过图灵测试的今天，在人类世界的路径指向上，《知然岛》可以说是留下了作者本人思考的印记。

——**魏武挥**

天奇创投基金管理合伙人

这是一个把时空设定在21世纪下半叶的科幻故事，如果没有AI的ChatGPT时刻，读完顶多被其恢宏的世界观、细致入微

又别开生面的想象力所叹服，但是今天ChatGPT已经重塑了地球人对AGI的预期，ChatGPT会不会往书中“精灵”的方向进化，乃至控制千行百业，会不会出现类似瓦罕先生这样的AI操控者，新人类会不会沉迷于舒适的冰棺材里、会不会发起对传统文化的全面否定运动，未来AI的价值观是不是对地球和人类命运长期有益的价值观——对这些问题，如果我们在未来几十年里没有共识和预案，真是细思极恐，忍不住二刷《知然岛》再思。

——吴甘沙

驭势科技联合创始人、董事长、CEO

《知然岛》不仅具备令人叹服的文学魅力，更以其对人工智能与人类命运的探讨，引领读者反思科技与伦理的边界。这部小说如同一面镜子，映照出我们未来共同的挑战与希望。

——吴岩

科幻作家、

南方科技大学科学与人类想象力研究中心主任

这是一部没有外星人的科幻小说。但作为最早接触作品的少数人之一，作为一个接近四十年的“专业”科幻作品阅读者，读了三遍以后，我认为《知然岛》会经得住更多读者和更长时间的考验，并成为中国和世界科幻作品中，可以挑战《三体》影响力的作品之一。

——熊三木

合鲸资本创始人、重度科幻阅读者

简直怀疑是不是AI让柳仓兄找我写推荐语，否则他怎么知道我正在为此着迷？当然，和我一样正在为AI大潮而激动、而想象、而喜忧参半的朋友一定很多，读这本小说就像在看一部预告片，爱恨情仇、沙漠绿洲，虚拟的游戏、真实的记忆，又或者，何为虚拟何为真实？作为一名文科生，我正在不由自主地战栗着，等待AI正片开映，希望ta能像《知然岛》般展开一幅通往未来的人类肖像画。

——**徐达内**

新榜创始人

在技术的尽头，也是文明的废墟，荡然无存的人性如何赓续？这是人类社会无法逃避的宿命，也是时代精神的隐喻，柳仓的小说《知然岛》，通过构建一个文本迷宫，回应我们的爱与怕。阅读体验犹如丝绸，顺滑而有质感。文字风格有时让我想到美国小说家梅格·埃利森，不过框架深度也许过之。

——**徐瑾**

FT 中文网经济主编、经济人读书会发起人

一位冷静观察者对于高科技宰制下未来生活的奇想，令人掩卷难忘。

——**姚海军**

《科幻世界》杂志主编

“废土朋克（科幻）”这股风潮，在欧美已熠熠生辉了几十年，小说《沙丘》《莱博维茨的赞歌》，游戏《地铁》《辐射》，影视剧《芬奇》《最后生还者》《疯狂麦克斯》，几乎都成了经典。但在中文世界里，废土风似乎不度玉门关，直到有了这部《知然岛》。《知然岛》集“废土朋克”与“赛博朋克”于一身，始于人类文明被毁灭的废土世界，终于AI统治一切的赛博世界。但正如源自《朱子语类》的书名，《知然岛》还有着东方式的人

文情怀，在全书末尾，人类文明的最后火种影影绰绰：“这颗星球的最后胎动，正在一跳一跳。”

——张明扬

作家、资深媒体人

AI时代的人类未来世界究竟是怎样？科学家用模型，评论家用观点，而作家，用让你身临其境的故事。

柳仓是优秀记者出身，这也注定他擅长客观冷静的叙述；但他同时也是一位出色的作家，这使得他的笔触又是细腻和感性的。多种特长综合在一起，使得他成功地向我们描绘了一个虚幻但让人感觉无比真实的未来AI世界。

他说是因为OpenAI的突然爆发，促成了他这部原本搁置的小说，但我倒觉得这不是一种偶然。

当人类文明即将进入一个全新纪元的时候，总会有一批文学作品成为指点今人的航标和灯塔、提醒后人的石碑和铭牌——这部小说，应该就是其中之一了。

——张玮（馒头大师）

作家、自媒体人，著有《历史的温度》

这是一本用科幻小说伪装的哲学书。在一个被AI控制的世界中，当生育萎缩、艺术衰落、文字凋亡之后，柳仓用冷酷至极的笔调解剖了存在和意识的本质，再用绚烂无比的文字描述了人通过与世界意志融合而羽化升仙的美妙历程。那么，在一个被机器人第四定律所塑造的世界中，你会选择成神成仙，还是浪迹天涯呢？

——周涛

电子科技大学教授

湛庐CHEERS

湛庐 现实科幻系列

把科幻作为思考方法
发现改变现实的力量

《未来史记》

中国科幻代表作家、七届银河奖得主、
全球华语星云奖金奖作家江波力作！
在机器与人的史诗中涌现密集的思想冲击，
重塑我们对现实和未来的认知

作　　者：江波
出版时间：2022 年 7 月
定　　价：89.90 元
上架指导：科幻小说

《残心》

在被机器人支配的未来世界，
一个 13 岁女孩能否拯救人类残缺不全的心？
权威机器人研究专家重新定义人机关系的
跨时代小说

作　　者：［西］卡梅・托拉斯
出版时间：2022 年 7 月
定　　价：79.90 元
上架指导：科幻小说

《馈》

当元宇宙世界陷入电子病毒大流行，
是人类文明的末日，还是新时代的源点？
《黑镜》导演执导、《行尸走肉》制作人开发
亚马逊热门剧集《喂食》原著小说

作　　者：［英］尼克・克拉克・温多
出版时间：2022 年 8 月
定　　价：89.90 元
上架指导：科幻小说

《数字星舰 1：正义的觉醒》

囊获八项至高大奖的科幻巨作
完整构建了一个人与机器共融共生的未来世界
布瑞克曾经是一艘巨大的星际战舰，
用人工智能连接了数千名士兵。
直到一场阴谋夺走了这一切……

作　　者：[美]安·莱基
出版时间：2023 年 7 月
预估定价：89.90 元
上架指导：科幻小说

《数字星舰 2：巨剑的陨落》

雨果奖、星云奖、轨迹奖、亚瑟·克拉克奖、
日本星云奖等八项科幻至高大奖得主
内战爆发，布瑞克被任命为舰队长。
她将前往一座位于宇宙尽头的空间站，
确保整个星系的安全与稳定。

作　　者：[美]安·莱基
出版时间：2023 年 7 月
预估定价：89.90 元
上架指导：科幻小说

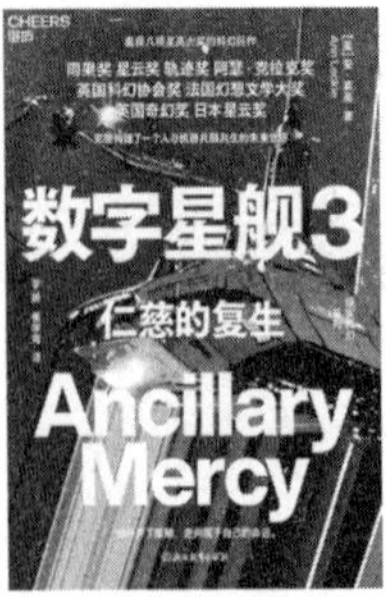

《数字星舰 3：仁慈的复生》

日本星云奖、英国科幻协会奖、法国幻想文学大奖、英国奇幻奖等八项科幻至高大奖得主
布瑞克预想中的平静并没有到来。
留下来胜算不大，但恐惧从来不曾使她退缩。

作　　者：[美]安·莱基
出版时间：2023 年 7 月
预估定价：89.90 元
上架指导：科幻小说

《第 11 号站》

当一场瘟疫摧毁了整个世界，
一个废墟上的莎士比亚剧团
能否重拾人类的爱与希望？
《冰与火之歌》系列作者乔治·马丁感动推荐，
一首献给人类和文明的唯美情诗

作　　者：[加]艾米丽·圣约翰·曼德尔
出版时间：2024 年 8 月
预估定价：89.90 元
上架指导：科幻 / 文学

《静海》

当你可以同时生活在百年前的海边、
森林和百年后的月球城市，
时间旅行是否会改变人类生命的本质？
一部颠覆时间观念的玄妙之作，
一次关于生存与孤独的温柔沉思

作　　者：[加]艾米丽・圣约翰・曼德尔
出版时间：2024年8月
预估定价：79.90元
上架指导：科幻/文学

《月球背面的复制者》

“真希望这地球上能有另一个我！”
一项名为意识扫描的新技术让曾经的妄念成真，
然而当复制人取代了复制者，
事情却朝着他们出乎意料的方向发展……

作　　者：[加]罗伯特・索耶
出版时间：即将出版

封面待定

《穿越时空的下载者》

2059年，两个截然不同的群体将意识
上传到了一台量子计算机中。
当他们再次回到现实后，
却发现原来的人类社会不知何故，已荡然无存……

作　　者：[加]罗伯特・索耶
出版时间：即将出版

封面待定

《末日冲击》(暂定名)

当温室效应把人类逼入绝境，
人类该如何拯救地球？
尼尔・斯蒂芬森震撼全球的最新作品！

作　　者：[美]尼尔・斯蒂芬森
出版时间：即将出版

封面待定

《坠落与永生》（暂定名）

如果人类死后可以把意识上载，
永生的世界是不是乌托邦？
“元宇宙”之父代表作之一

作　　者：［美］尼尔·斯蒂芬森
出版时间：即将出版

《净化行动》（暂定名）

尼尔·斯蒂芬森早期代表作，
在一个充满毒气和污染的世界，
一个人如何单枪匹马扭转现状？

作　　者：［美］尼尔·斯蒂芬森
出版时间：即将出版

《病毒计划》（暂定名）

尼尔·斯蒂芬森科媲美《雪崩》的赛博朋克小说
在游戏中突破幻想和现实的界限，
一场危机从虚拟世界蔓延到你我身边……

作　　者：［美］尼尔·斯蒂芬森
出版时间：即将出版